小さな会社のムダをなくしてお金を残す！

ムダ遣いで会社を潰さない60の鉄則

税理士
安藤祐貴［著］

自由国民社

はじめに

「経理に力を入れても売上は増加しない」

そう考えている人は数多くいます。たしかに、経理に力を入れて売上が「直接的」に増加することはありません。

しかし、経理は会社の「診断書」ともいえる会計帳簿の作成の根幹をなす業務です。いつまでたっても診断書が出来上がらなければ、治療の要否を判断することもできませんし、知らず知らずのうちに病状が悪化してしまうこともあります。

また、もしも会社の診断書に「誤診」があった場合、不必要な治療が続いたり、治療をせず放置してしまったりすることもあるでしょう。

適切な診断書に基づきスピーディーな診察を受けるためには、経理業務に蔓延する時間の「ムダ」を排除しなければなりません。そして、会社を存続・成長させるために必要な利益を生み出し続けるためには、利益の阻害要因となるコストの「ムダ」を削減する必要があります。

会社は売上を伸ばしただけでは存続させることはできず、「利益」を出し続けなければなりません。それも目先の利益だけではなく、中長期的な利益を生み出すことを視野に入れて日々の活動をしなければ、会社を飛躍させることは難しいでしょう。

そして残念なことに、会社にお金を残したいのであれば、ある程度の「納税」は避けては通れません。

税金を抑えたいが故の支出はすべからく「ムダ」遣いとなり、会社の利益を食いつぶした結果、成長はおろか、存続すら危ぶまれてしまうことにもなりかねないのです。

あなたの会社から数多くの「ムダ」を排除し、本書があなたの会社の50年後、１００年後の礎になることを願っております。

２０２１年11月

税理士　安藤祐貴

CONTENTS

第3章 こんな状況はNG！ ムダな出費を生むシチュエーションと改善策

第4章 経理部門の効率もアップ！電子化で経理コストを削減する方法

第5章 無理な節税は✕ 小さな会社でも使える有効な節税テクニック

第1章

会社の数字を見える化して
ムダな出費を抑える！

section
01

150万円のムダ遣いは1000万円の売上に匹敵

税理士として、これまでいくつもの会社の決算書を見てきましたが、社長の感覚とできあがった決算書とで大幅なズレがあることがあります。

例えば、ある社長と面談をしたときの話です。これまでは年1回の決算・申告のみを税理士にお願いしていたが、売上が急増して納税の対応が必要になったため、顧問契約ができる税理士に変更したい、ということが面談の内容です。

「今年は売上が大幅に伸びたので、そろそろ税金対策をしたく、今年から税理士との顧問契約を考えている」

事前にそう連絡を受けていたので、想定される節税策を考え、面談に臨みました。面談の結果、たしかに売上は急増していたようなので、決算書の作成を引き受けることとなりました。しかし、いざ決算書を作成してみると**売上は大幅に伸びていたものの、利益は昨**

利益を伸ばす方法

利益を伸ばすための方法は2つ

①売上を増やす
②費用を減らす

売上が伸びているが利益は出ない

①売上の増やし方が間違っている
②コストのコントロールができていない

②が多い

ムダをなくすコツ！

利益が伸び悩んでいたらコストに着目する

年と同水準であり、ほとんど納税額は発生しない結果となりました。

社長は納税の不安が消えたと安心する一方、**なぜ利益が出ていないのか、いまいちピンと来ていない様子**でした。

売上が増えたのに利益が出ない

会社が利益を出すためには、次のどちらかの対策が必要です。

・売上を増やす
・費用を減らす

売上が昨年と比較して増加していることはもちろん重要なことです。

ただ、売上が増加しているにもかかわ

らず、利益がそこまで伸びていない場合は、次のどちらかが要因となっています。

①売上の増やし方が間違えている
②コストのコントロールができていない

多くの社長は営業のプロなので、売上の増やし方が大幅に間違っていることはそこまでありません。売上が増加しているにもかかわらず、利益が十分に確保できていない場合の多くは、**コストのコントロールができていない**ことが理由です。

先ほどの話に登場した社長も、売上の増やし方ではなく、コストコントロールが上手にできておらず、要所要所にムダ遣いが発生していたのです。

50万円のムダ遣いは１０００万円の売上獲得に匹敵する

小さな会社の場合、売上高経常利益率の平均は３・６％であり、一般的には５％の利益率を確保できていれば上出来といわれています。

仮に、売上高５０００万円・利益率５％の会社が、あと50万円利益を増やしたい場合、

各業種の利益率

業種	売上高経常利益率
小売業	1.20%
卸売業	2.10%
飲食サービス業	2.61%
製造業	4.43%
サービス業	4.57%
情報通信業（IT）	5.64%
不動産業	8.99%
全体平均	**3.61%**

出所：中小企業庁「2020年度版中小企業白書」

ムダをなくすコツ

売上を急増させることには時間がかかる

①利益率は現状維持とし、売上を20％増やす
②売上は現状維持とし、コストを50万円減らす

このどちらかの対策をすることで、利益を50万円増加させることができます。

売上を1000万円増やすか、コストを50万円減らすか、どちらが簡単でしょうか。

①売上を増やす場合

利益率5％の場合、50万円の利益を確保するには、1000万円の売上（50万円÷5％）が必要です。

既存売上から1000万円を増加させ

る施策をすぐに思いつき、即座に売上獲得ができる場合は売上増加に着手するほうがよいですが、ほとんどの場合、即座に売上を20％増加させることは難しいでしょう。**売上を急増させるにはそれなりの時間がかかる**といえます。

②コストを50万円減らす

一見難しそうに見えますが、数多くの会社の決算書を見てきた身からすると、売上を１０００万円増やすことよりも簡単なのは明白です。

・何の気なしに使った交際費
・特に稼働していない設備のリース料
・効果がイマイチな広告費
・特に使っていない書類や備品が保管されている倉庫保管料

これらは売上に貢献しているコストとはいえず、毎月会社のお金を流出させているだけとなります。仮にこれらのようなコストが毎月４万円程度（年間50万円）発生していた場合、利益率５％の会社の場合は、**１０００万円相当の売上を食いつぶしていることと同じ**です。

ムダの削減は利益の増加に効果的

利益率5%の会社が、利益を50万円増やしたい場合……

売上	5000万円
コスト	4750万円
利益	250万円（利益率5%）

①

売上	6000万円
コスト	5700万円
利益	300万円

②

売上	5000万円
コスト	4700万円
利益	300万円

①利益率5%は維持し、売上を1000万円増やす

会社を成長させる上では売上を増加させることも重要だが、売上を20%増加させることは簡単ではない

②売上は維持し、ムダ遣いを50万円削減する

売上を維持しつつ、コストのなかにムダ遣いがあればそれを見直すだけでよい。売上を増やすよりも即効性がある

交際費やリース料、広告費、倉庫保管料などで毎月4万円（年間50万円）のムダ遣いが発生している場合、1000万円以上の売上を食いつぶしていることになる

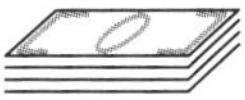

ムダをなくすコツ

売上を増やすよりもムダを削減するほうが簡単

section 02

ムダ遣いが起こるキッカケはどんなとき？

売上を増やすことよりも、コストを減らすことのほうが、利益を増加させるための近道となります。もちろん、売上獲得に必要となるコストを無理して削減すると、売上が減少し、会社の成長を阻害する要因となってしまいます。しかし、ムダなコスト（=売上獲得に貢献していないコスト）は、せっかくつくり上げた売上を食いつぶしてしまうので、すぐに削減すべきです。

まずは、どんなときにムダなコストが発生しやすいかを理解することが、ムダ遣い削減には有効的です。ここではムダ遣いが起きやすい状況について考えてみましょう。

①売上が急増したとき

売上が急増しているとき、社長の意識が向く数字はもちろん「売上」です。売上が増加

ムダ遣いが起こりやすいシーン

売上が急増したとき	売上ばかりに目がいき、コスト意識が低下してくる
節税意識が芽生えたとき	「税金を払うくらいなら何か買ってしまう」と考える
肌感覚での数字の把握ができなくなったとき	経理社員や税理士に経理業務を任せ始めると、リアルタイムで数字を把握することが困難になりフィードバックが遅くなる

ムダをなくすコツ！

まずはムダが発生しやすい状況を把握する

することは喜ばしいことである一方、売上獲得にはそれなりにコストがかかります。売上ばかりに意識が行き過ぎると、コストコントロールがおろそかになりがちです。

　在庫を多く抱えたり、人手不足解消のために人員を増加させたり、人員増加に伴い事務所の増設や設備投資を行ったりと、**売上が急増している時期とは、コストが急増する時期**でもあります。

　売上ばかりに気をとられてしまうと、コストコントロールにまでは意識が向かなくなってしまいます。そのため、売上急増のタイミングがキッカケとなり、ムダ遣いを見落としてしまうことがあるのです。

②節税意識が芽生えたとき

最もムダ遣いが起きやすい時期といっても過言でないのは、「決算日の直前」です。決算日が近づき、おおよその着地数字が見えてきたタイミングで、「**あれ、こんなに税金を払わなければならないのか……**」と思った経験は、誰しもにあると思います。こんなときに、「税金を少しでも安くしたい」という発想が生まれてきます。

もちろん、ルールに則った適切なタイミングでの節税は積極的に行うべきです。本書でも第5章で有効な節税策を紹介していますが、節税とムダ遣いは密接に関連しています。

左の図は交際費を10万円使った場合と使わなかった場合の資金流出額を示したものです。この交際費が翌期に必ず必要となるものを前倒しで使用したものであれば、有効な節税策といえ、ムダ遣いには該当しません。

ただ、**税金を減らすということは、基本的にはそれに伴い資金が流出してしまうということ**です。たしかに、期末になって無理やりお金を使えば、税金は安くなりますが、それが本当に必要なものではない場合は、ただ税金が安くなっただけで、会社からの資金流出額は増えてしまいます。節税をしたいという心掛けは重要ですが、節税意識が芽生えたときは、ムダ遣いが起こるキッカケとなるのです。

無理な節税は資金流出を増長させる

売上	5000万円
コスト	4750万円
利益	250万円（利益率5％）

①10万円の交際費

利益	240万円
税率	25％
税金	60万円

②交際費なし

利益	250万円
税率	25％
税金	63万円

①交際費を10万円使った場合

・交際費：10万円
・税金：60万円

合計で70万円の資金が流出

②交際費を使わなかった場合

・交際費：0円
・税金：63万円

合計で63万円の資金が流出

①は、交際費を使うことによって税金は安くなっているものの、会社から流出する資金自体は増えてしまっている

➡ **節税が原因で、会社の資金の流出額が大きくなる**

ムダをなくすコツ/

税金ではなく会社の資金流出額を基準に考える

③肌感覚で数字の把握ができなくなったとき

フリーランスや一人会社の場合は、取引量もそこまで多くなく、何となく通帳を眺めているだけでも、その月のおおよその数字は肌感覚で把握できます。「今月は売上が少なかったので、来月は少し支出を抑えてみよう」と、自らの肌感覚がムダ遣いの抑止力となっていることが多いでしょう。

ただ、**売上規模が拡大し、従業員を雇用したりすれば、会社としての取引量が増え、次第に会社の数字を肌感覚で把握することが困難になる**でしょう。さらに経理を従業員や税理士に任せざるを得ないタイミングが来たときには、もはや肌感覚だけでは数字の把握ができなくなります。**ムダ遣いの抑止力となるものが、「他人から報告を受けた数字」だけとなってしまう**のです。

経理社員や税理士からの報告がリアルタイムでなくなったとき、報告を受けた数字は「過去の数字」となってしまいます。日々忙しく営業活動をしている社長にとって、「過去の数字」への関心は薄れてしまうでしょう。

感覚で数字が把握できなくなるタイミングも、ムダ遣いが発生するキッカケになるといえます。

数字の把握ができなくなる悪循環

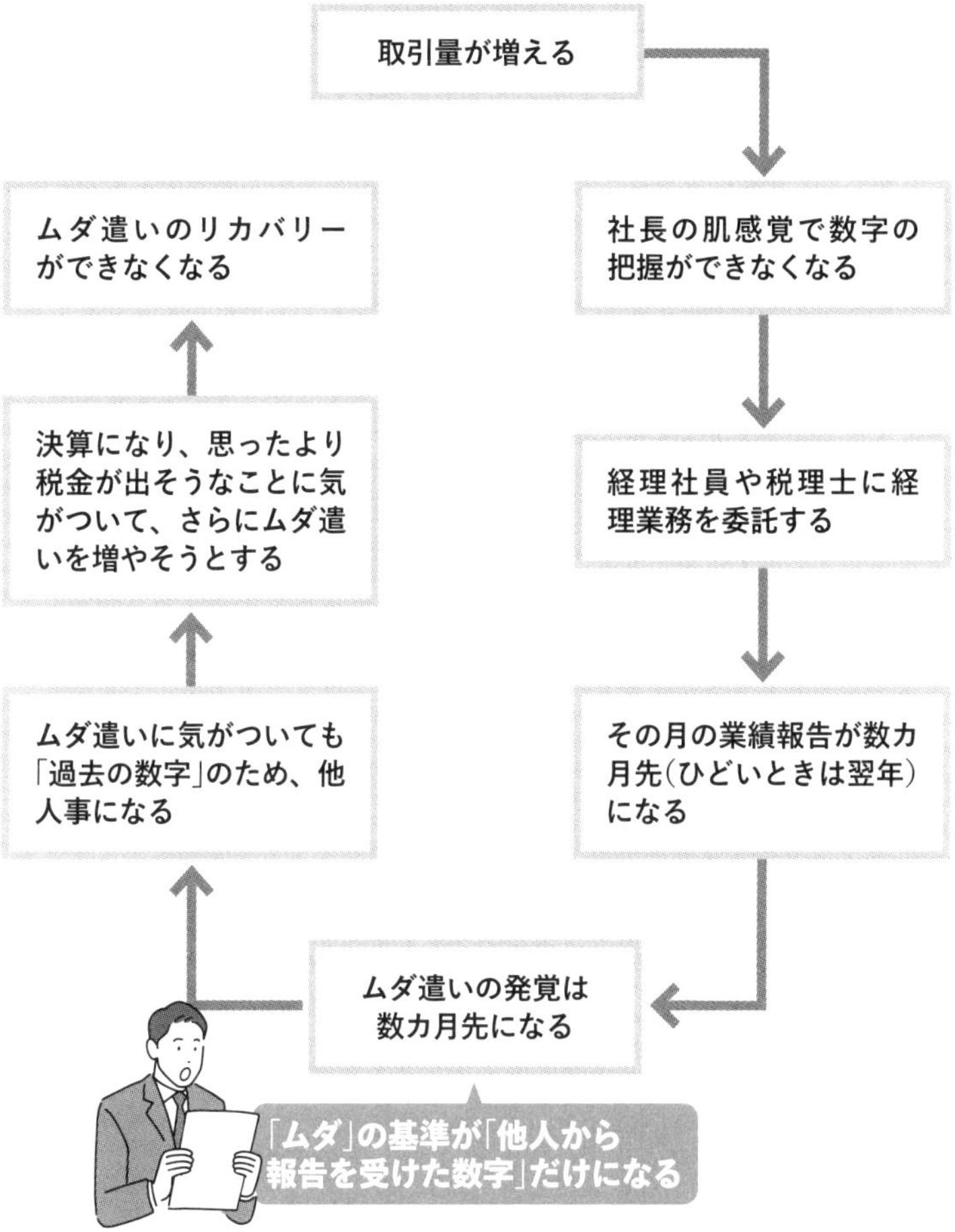

ムダをなくすコツ！

数字の把握はリアルタイムで行うこと

section
03

改めて数字を読み直すと「ムダ」がたくさん見つかる

日々多忙な社長にとって、毎月の数字は円単位で把握する必要のあるものではありません。しかし、ある程度の損益をタイムリーに把握することができないと、知らず知らずのうちにムダ遣いが増えてしまいます。

・黒字だと思っていたが、いざ決算をしてみると赤字だった
・今月は赤字か黒字か、すぐにわからない
・来月、採用費や広告費・設備投資にいくら使うことができるのかわからない

これらは数字を見ていない会社の典型例となりますが、このような状況に陥っている会社はムダ遣いをしている（社長はムダ遣いと思っていないが、客観的に見るとムダ遣いと

なっている）ケースが多いです。そして、これらの会社に共通していえることが、**数字を見るタイミングが遅すぎる**ということです。

いつ、数字を見るのか

それでは、どのタイミングで、どの時点の数字を見るべきなのでしょうか。

今月の数字は、来月末までに見ることが理想です。今月の数字が来月に把握できる状態であれば、タイムリーに数字を把握できているといえるでしょう。タイムリーに数字を把握することで、次のようなメリットを受けることができます。

①記憶と数字がリンクし、具体的な対策を打つことができる

3カ月前の状況を思い出すより、先月の状況を思い出すほうが簡単です。ましてや去年の状況を詳細に思い出せる人は少ないでしょう。

過去の数字になればなるほど、思い出せることが少なくなります。細部にまで目がいかず、最終的には他人事となってしまいがちです。

今月使ったコストのなかにムダ遣いがあったかどうかを検証するためには、少なくとも来月には数字と記憶をリンクさせるようにしましょう。ムダが発生していれば、すぐに軌

道修正をするための対策を打つ必要があるからです。タイムリーに数字を把握していると、

・先月は十分な利益が確保できたから、来月は○○円採用費を使っても問題ない
・先月は売上の割に人件費が多くなってしまったので、残業のコントロールが必要
・先月の広告費の効果が出てくるのは２カ月後ぐらいなので、２カ月間は広告費を据え置き、様子を見てみよう

など、**具体性をもった対策を捻出することが可能**となります。

３カ月前の数字を見ていても、３カ月間で状況は急変していますし、それが昨年の数字であればなおさら他人事になってしまう可能性が高いです。

すぐに軌道修正し、具体的な対策を捻出するためにも、今月の数字は来月には確認できるようタイムリーな数字の把握が重要です。

②有効的な節税対策ができる

決算日直前にできる節税策は限られていますし、直前に突貫工事で行う節税策は「ムダ遣い」に直結してしまいがちです。有効的な節税をするためには、タイムリーに数字を把

タイムリーに数字を把握する

今月の数字は来月末までに見るのが理想

タイムリーに数字を
把握できると……

①数字と記憶がリンクし、すぐに具体的な改善策が見つかる
②有効な節税対策が見えてくる
③いざというときに金融機関が助けてくれる

ムダをなくすコツ

数字が「過去の数字」になる前に見る

握することが不可欠となります。

タイムリーに数字を把握できない会社は、「税金を払うぐらいだったら、無理にでも何か買おう」という思考に陥りやすいです。

　有効な節税については第5章で紹介しますが、有効な節税対策ができている会社のほとんどは、毎月の数字をタイムリーに把握できています。急いで行う税金対策はムダ遣いの温床ということは覚えておきましょう。

③有事に金融機関が助けてくれる

　銀行に融資を申し込むときは、「なぜ、何に、いくら必要となるか」を説明する必要があります。タイムリーに数字の把握ができていれば、「今月まではこういう状況であったから、数カ月後に○○円の設備投資をすることで更に売上を増加させることができるので、○○円の融資を受けたい」など、**具体的な数字を基にした説得力のある説明**をすることができます。

ここでは資金調達関連の詳細は割愛しますが、毎月の数字をタイムリーに把握すると、自社の状況を具体的に第三者に伝えることができ、有効な資金調達が可能となる場合もあるのです。

ムダ遣いの削減がムダ遣いを生むこともある

そもそも、本書でお伝えしたい「ムダ遣い」とは、

・こまめに電気や空調を切りましょう
・コピー用紙は裏面も使いましょう
・会社の文房具は大切に使いましょう

といった標語のようなものではなく（もちろんこのような心掛けも大切ですが）、**そのコストが会社の利益に貢献すべきものか否かといった観点での、「お金」と「時間」のム**

ムダ遣いの削減が余計なムダを生む

・電気代の削減
・消耗品費の削減

＜

・人件費の増大
・事務負担の増大

ムダ遣いを削減するために
余計なコストがかかってしまう

➡ 本末転倒

ムダをなくすコツ

全体最適を考えてムダ遣いの削減を行う

ダ遣いです。

コピー用紙を両面使うことで毎月数百円の用紙代を削減できたり、空調をこまめに切ることで毎月数百円の電気代を削減できたりするかもしれませんが、その数百円の削減と引き換えに、従業員の労働生産性が下がってしまうリスクがあります。数百円の電気代削減のために、数千円の人件費がかかるようであれば、それは本質的なムダ遣い削減にはなりません。それどころか、より一層のムダ遣いを生む要因になってしまうのです。

タイムリーに数字を見ることで、細部にも目が行き届くこととなりますが、あくまで**全体最適を考えたムダ遣い削減が肝心**です。

section 04

数字と向き合うことに大して時間はかからない

数字を見なければならない、ということは、本書を手に取った人は幾度となく聞いたことがあるかと思います。しかし、数字を見なければならない重要性は理解しつつも、日々忙しくしている社長の時間は限られています。

ご存じの通り、会社の財政状態や経営成績を表すものが決算書（貸借対照表、損益計算書）となりますが、1年前の決算書を見て、そこからムダ遣いや改善点を洗い出せる人は少ないでしょう。当時の状況を詳細に覚えているわけでもないため時間がかかってしまいますし、所詮は「過去の数字」になってしまうので、当事者意識をもって分析を行うのは容易ではありません。

時間が取れない社長にとっては、**「いつ」「どの時点」の数字と向き合うかがポイント**となります。

決算書は「過去の数字」

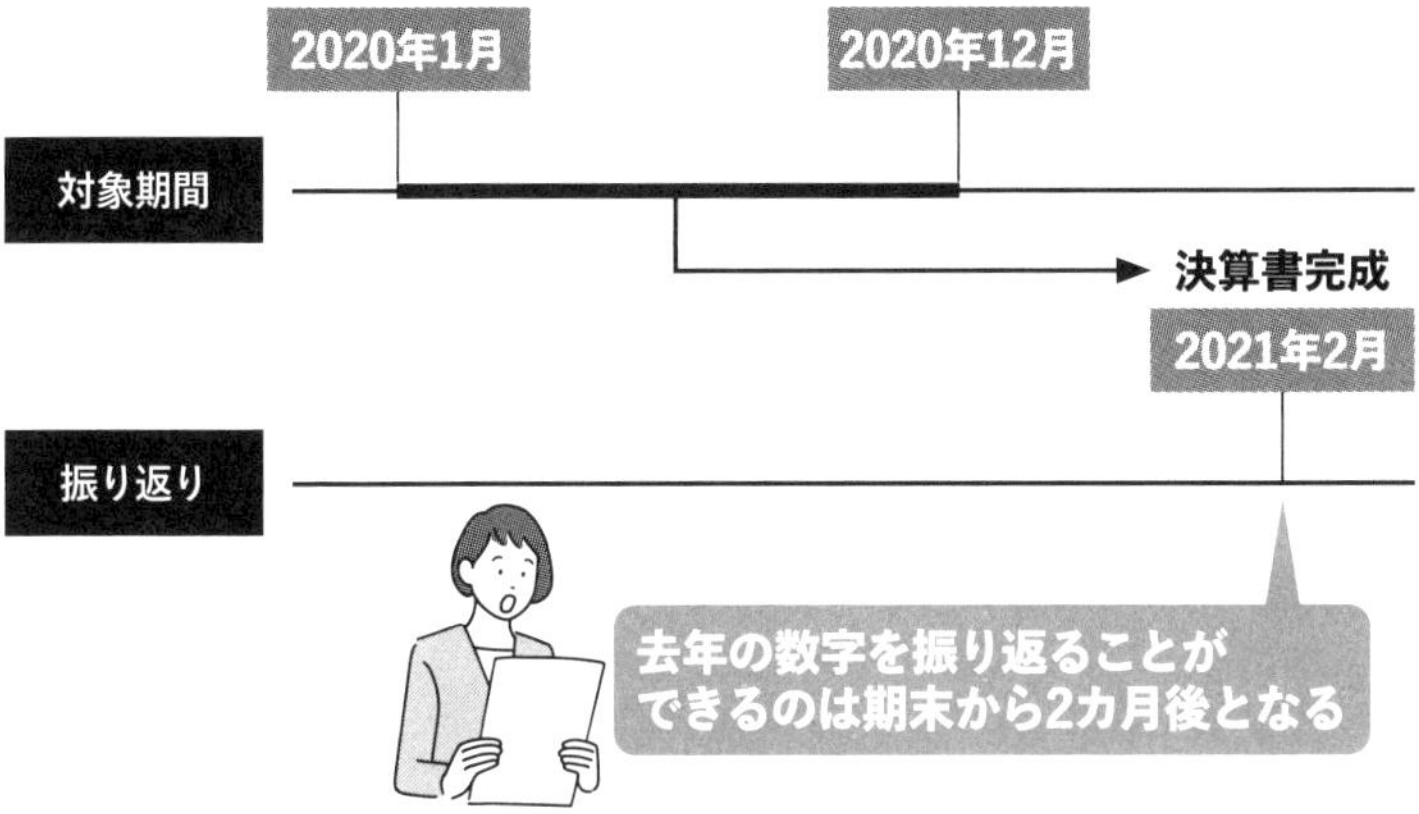

振り返りが遅くなればなるほど……

- **夏ごろは忙しかったから、売上が増えた**
- **昨年は新卒採用を始めたから、人件費が増えた**
- **多額の設備投資をしたから、固定資産が増えた**

など、感想染みた振り返りしかできなくなってしまう

2020年1月にムダが発生していたとしても、14カ月後に気づくことになり、手遅れになってしまう可能性もある

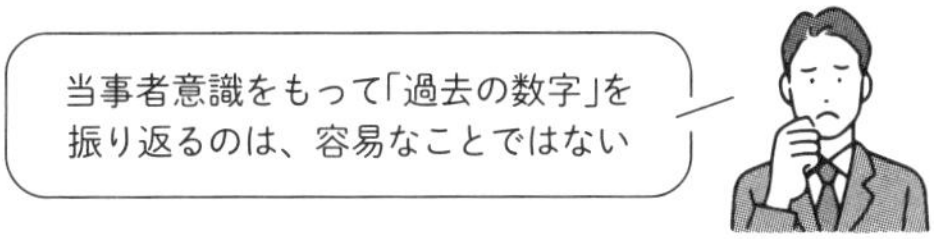

ムダをなくすコツ

具体的な改善策を生み出すには決算書は不向き

去年の決算書から改善点を見出すのは時間がかかる

決算書ができあがるのは、どんなに早い会社であっても決算期末日から最短で1カ月後となることが一般的です。

12月決算の会社の場合、例えば2020年12月期の決算書ができあがるのは早くても2021年1月末でしょう。

「去年の夏ごろに大きなイベントがあったので、売上が増えたな」
「新卒採用を始めたから、採用費が結構かかったな」
「多額の設備投資をしたから、固定資産が増えているな」

2021年1月に、2020年度分の決算書を振り返ったときに出てくる言葉は、これらのようなどこか感想染みたものとなってしまいがちです。

「あの時はこうだったな」というような、どこか他人事のような感想で振り返りが終わってしまうことが多いですが、去年の決算書は社長のなかですでに「過去の数字」となってしまっているので、それもそのはずです。

また、仮に前期の期首あたりで多額のムダ遣いが発生していたとしても、それに気がつくのは1年後になってしまいます。

ムダ遣いはじわじわと会社の資金を流出させる原因になるものです。メスを入れずに放置しておくと、**気がついたときにはリカバリーが困難な状態になってしまう**ことも想定されます。

もちろん、過去や現在の立ち位置を把握し、そこから課題を抽出して中長期的な計画を立てることも重要です。

ただし、即効性のある効果測定をするという観点からは、決算書から改善点を探すことは有効的ではありません。**去年の決算書を見ても、具体的な打開策を見出すには時間がかかってしまう**のです。

先月の数字を見るのに、大して時間はかからない

一方、今のタイミングで先月の数字を見ることができたと想像してみてください。

- 先月は多くの従業員が残業をしていたので、人件費がそれなりに膨らんでいる
- 先月からリスティング広告を開始したので、広告費が増えている

・先月は採用活動に力を入れたので、採用費が増えている

細かい金額はさておき、**先月は何をしたから結果として数字がどうなったか、と記憶している活動と数字がリンクするので、振り返りに時間がかからない**ことでしょう。

また、何の費用がどのくらいかかったかを詳細に振り返ることで、「来月はこうしよう」と、次第に「かかったコストをどのように改善していくか」という思考になっていきます。

昨年の決算書を見る場合は、12カ月分の業績を振り返らなければなりませんが、先月の数字の場合は1カ月分なので、単純に対象期間が短いということからも振り返りに時間がかかりません。

打開策は、「過去の数字」から探すのは難しいですが、「タイムリーな数字」を見ることで必ず見出せるはずです。

「いつ」数字を見るべきかということはこの章で理解できたと思いますので、次章では「どのように」数字を見るべきかについて紹介していきます。

振り返りやすいのは「タイムリーな数字」

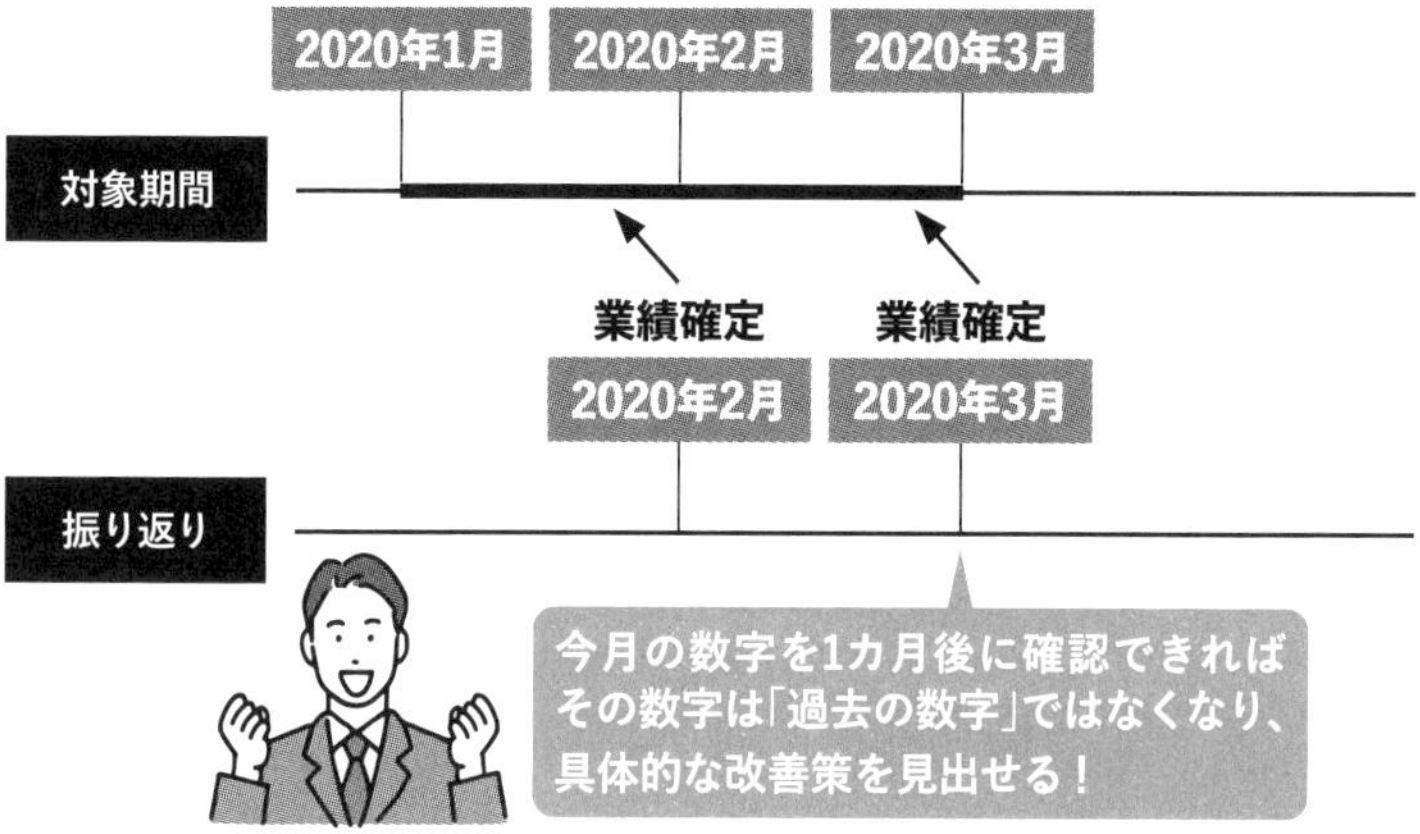

具体的な改善策の例

多くの社員が残業したため残業代が発生し、人件費を圧迫している
➡残業する必要があったのか確認する

先月からリスティング広告を始めたため、広告費が増えている
➡来月以降の売上で広告の効果がなかった場合、方法を変える

先月は採用活動に力を入れたので、採用費が増加している
➡利益を十分に確保できる範囲内で採用費を使っているため、特に問題はない

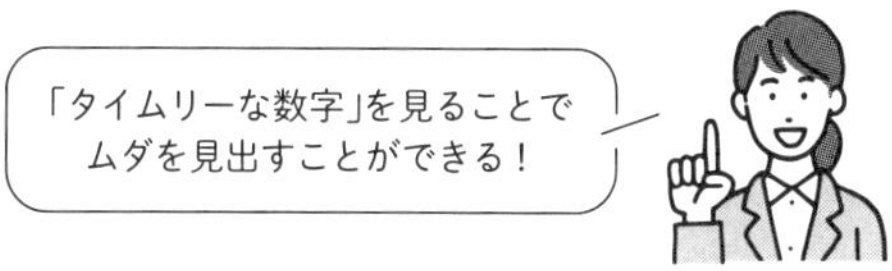

ムダをなくすコツ

短時間でコストの改善点を見出すことができる

Column

コロナ禍における税務調査の現状

新型コロナウイルスの影響で、２０２０年の税務調査の件数は2～3割減少しています。国税庁や税務署の徴収職員も緊急事態宣言などを無視して、積極的に税務調査を行う訳にはいかないため、減少は当然のことでしょう。ただし、まったく税務調査を行っていないわけではなく、ある程度対象を絞って税務調査は実施されています。

また、ワクチン接種率が上昇し、緊急事態宣言が解除され、世の中がやや落ち着き始めた２０２１年秋ごろから、税務調査件数はいっきに増加するともいわれています。

適正な処理をしていれば怖くないですが、「まだコロナが終息してないから税務調査は来ない」と油断してずさんな会計処理をしたり、経費の公私混同をしていたりすると、税務調査で痛い目にあうでしょう。幸いにもコロナの影響を受けずに順調に利益を伸ばしている会社は、いつ税務調査がきてもおかしくないと考えたほうがよいかもしれません。

第2章

会社の数字を見える化するとメリットがたくさん！

section 01

キレイな数字は資金繰り改善のヒントに

ココに注目！

数字の見える化

現在地の把握

売上が思ったよりも伸びない、売上が伸びても利益がほとんど増加しない、従業員の採用がうまくいかない、など小さな会社にはさまざまな悩みがありますが、最大の悩みといってもいいのが**資金繰り**でしょう。

売上や利益が順調に増加していたとしても、「黒字倒産」という言葉があるように、資金繰りが悪化することで会社は倒産してしまいます。

会社に致命傷を与えかねない資金繰りの悩みについては、多くの改善策がありますが、どの改善策にも共通していえる大前提が1つあります。

それは、どれも**会社の現在の実態を正しく表現した「キレイな数字」を活用する改善策である**ということです。

資金繰り改善のステップ

①現在の立ち位置を知る

・見える化された「キレイな数字」から立ち位置を把握する

「キレイな数字」とは、現在の実態を正しく表した数字のこと。業績が順調がどうかではない

②改善策を抽出する

・過去の数字のどこに問題があるかを検証する

・自分の会社にとってどの改善策が適切なのかを検討して、実行すべき改善策を決定する

③効果測定・リカバリー

・改善策の実行後は、定期的に効果測定を行う

・効果のない改善策はすぐに打ち切り、ほかの改善策に注力する

④資金繰り解決

①で見た「キレイな数字」が不透明だと、適切な改善策を打ち出すことはできない！

押さえておくべきポイント

「今現在の状況」を正しく把握する

ムダをなくすコツ

キレイな数字が資金繰り改善のカギを握る

改善策を活かせる人と活かせない人

資金繰り改善のステップをおおまかにまとめると、前ページの図の通りです。資金繰り改善に限らず、会社で生じた問題を解決するときも同じプロセスを経ることとなります。**問題解決で最も重要になるのは、「今現在はどのような状況なのか」を正しく把握すること**です。

資金繰り改善で考えた場合、現在の状況を把握するために「決算書」が必要となりますが、残念ながら、決算書が会社の現在の立ち位置を正しく表せていない場合が散見されます。粉飾決算や脱税などのように、悪意をもって会社の実態を正しく表せていない場合は論外ですが、悪気なく公私混同してしまっていたり、**正しい勘定科目を使えていなかったりすることで、意図せず立ち位置とかけ離れた決算書になっている**ケースもあります。

東京から沖縄に行くのと、ロンドンから沖縄に行くのとでは、移動時間だけではなく費用や持ち物も変わってきます。自分では現在地は東京と思っていても、実際は海外にいた場合、いつまで経っても目的地にたどり着くことはできませんし、そもそもたどり着くために必要なモノももっていない可能性があります。現在地を正しく把握することは、どんな問題解決に対しても最重要事項といえるのです。

キレイな数字とキレイではない数字

キレイな数字 ＞ 現在の会社の実態を正しく表現した数字。実態を表していなければ、どんなに業績がよくても「キレイな数字」とはいえない

「キレイではない数字」の例

粉飾決算	融資審査でよく見せようと、架空売上などを計上して利益を粉飾したもの
脱税	売上隠しや費用水増しで、税金を逃れるために利益を不当に減少させたもの
公私混同	会社の経費のなかに個人の私的経費が紛れ込んでいるもの
不透明処理	最終利益は正しいが、勘定科目の仕訳ルールが統一されていないことなどが原因で、何にいくらかかっているかが不透明となっているもの

意図せずに「キレイではない」数字が使われている決算書が散見される

↓

「キレイではない数字」をいくら眺めていても、会社の問題を解決するための改善策は一向に出てこない

ムダをなくすコツ!

まずは数字をキレイにするところから着手する

section 02

キレイな数字でわかる どこから着手するべきか

ココに注目！

経過観察

少額コスト

会社の業績を改善したいという願望はありつつも、何から手をつけていけばいいのかわからないという人もいます。そんな人ほど、まずは**会社の数字をキレイにし、そこから見えてくる改善策に優先順位をつけて着手していく**しか方法はありません。

何に時間を割くべきか

例えば、A社の損益計算書（月次推移表）を見てみます。1月から3月にかけて売上は順調に伸びているものの、この数字を見たときに、大半の人は、

「売上は順調に伸びてきているが、利益はそこまで増えていないな」

と感じるでしょう。売上と利益を確認した後は、それぞれのコストの中身を深掘りしていきます。

改善点と時間を割くべき点を決定する

A社の損益計算書（月次推移表）

（単位：千円）

	1月	2月	3月
売上	2,000	3,000	3,500
売上原価	△ 700	△ 1,200	△ 1,575
人件費	△ 400	△ 750	△ 1,050
広告費	△ 100	△ 100	△ 100
交際費	△ 5	△ 10	△ 20
支払利息	△ 20	△ 20	△ 20
⋮	⋮	⋮	⋮
利益	200	230	250
利益率	10.0%	7.7%	7.1%
⋮	⋮	⋮	⋮

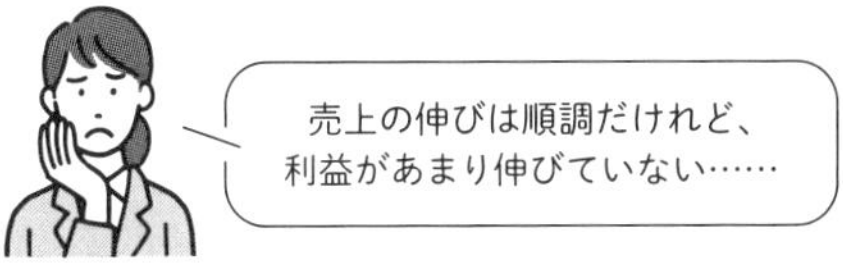

課題を把握したら、何を改善し、何に時間を割くべきか決める

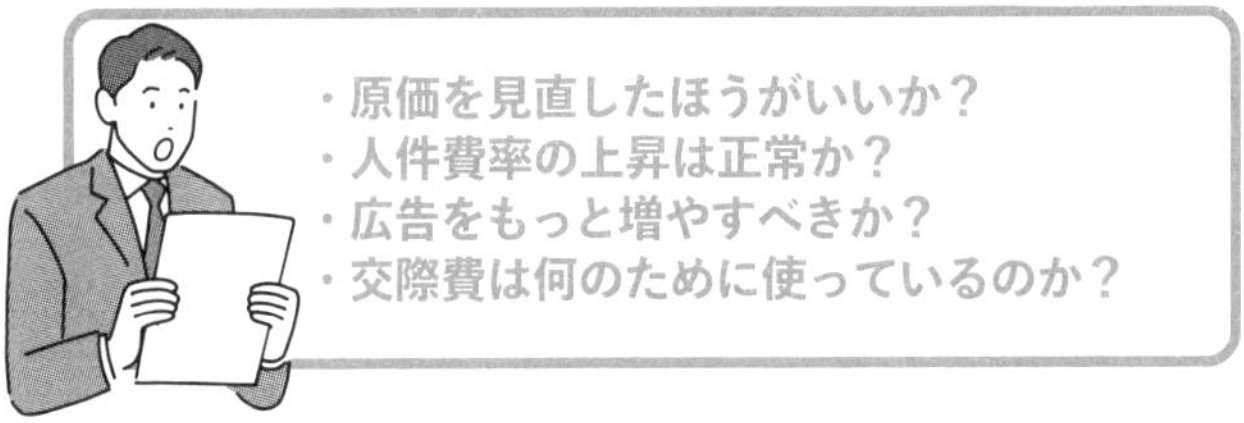

ムダをなくすコツ！

「キレイな数字」である損益計算書を活用する

主となるコストは経過観察も必要

A社の損益計算書（月次推移表）を見ると、売上の伸びの割に利益が増加していない最大の理由は「売上原価」と「人件費」といえるでしょう。ただし、「即座に売上原価と人件費を削減しよう」と判断するのはまだ早いです。まずは「**なぜ売上原価や人件費が増えたのか」を考える**必要があります。

①売上原価の増加要因

- 賞味期限が切れた在庫があったため、処分した
- 前期に在庫が大量に余っていたので、在庫処分セールを実施した
- 新しい取引先へ大量に販売ができたので、ボリュームディスカウントをした

②人件費の増加要因

- 新卒採用をしたので、即戦力になっていない社員の人件費も計上されている
- 新規の販売先開拓のために、多くの営業社員が休日出勤や残業をしていた

対策を打つべきコストと経過観察をするべきコスト

売上原価の増加要因

❶賞味期限切れの在庫処分
❷在庫処分のための決算セールの実施
❸新規取引先に対するボリュームディスカウント

人件費の増加要因

❹新卒採用による採用費や研修費用の発生
❺イベントによる残業や休日出勤の発生

↓

対策を打つべきもの

➡❶❷

期限切れの在庫が発生しているため、在庫管理や発注過程を見直す必要がある

経過観察をすべきもの

➡❸❹❺

売上獲得のために必要なコストや、意図のある政策的対応（ボリュームディスカウント）は、すぐに対策を打つのではなく経過観察をする

ムダをなくすコツ

まずはなぜ費用が増えたのか要因を考える

なぜ、売上原価と人件費が増えていたのか振り返りをした結果、これらのような要因が明らかになったとします。売上原価の上昇要因のうち、賞味期限が切れた在庫の処分に関しては、過去に過剰仕入となっていたことが要因です。在庫管理方法や発注過程の見直しなど、改善策を打ち出す必要があります。

一方、それ以外の要因については、どれも政策的な対応といえるでしょう。意図のある販売価格の減額による想定済の売上原価の上昇や、社員教育や将来の売上獲得のための人件費の増加であるため、いわば「投資」的なコストであるといえます。

経過観察をする必要はあるものの、これら投資的なコストをすぐに削減するという意思決定は時期尚早と考えられます。

メスを入れるのは少額なコストから

広告費に着目してみると、金額は大きくないですが、毎月一定額が計上されています。しかし、これらは本当に将来の売上獲得に必要なものといえるでしょうか？

さらに、交際費も一定額計上されていますが、単なるムダ遣いが計上されていないでしょうか？

もし、これらの**経費の中にムダ遣いが含まれていれば、それを削減した分だけ利益は増**

加します。

「金額が小さいから後回しでいい」となりがちですが、実際には**金額が小さいものほど、すぐに削減できるものであったり、あってもなくてもよいものであったりする**ため、削減した途端に利益を増加させることができます。すぐに利益体質の会社にしたいというのであれば、少額な科目からメスを入れるというのもの選択肢の1つとなります。

このように、数字をキレイにすることで、

・何が利益を圧迫している要因なのか
・その要因は適切なのか（経過観察をすべきなのかすぐにメスをいれるべきなのか）
・どこからメスを入れるべきなのか（少額なものほど改善しやすい）

が必然と見えてきます。

日々忙しく活動している社長にとって、何から着手するかの優先順位をつけることは何よりも重要です。限られた時間のなかでムダを見つけて削減するためには、キレイな数字が必ず役に立ちます。

section 03

説得力のある収支計画にはキレイな数字が必須

ココに注目！

現状把握

収支計画

お金や時間のムダ遣い削減のために、過去のキレイな数字（実態を表した数字）が役立ちます。また、説得力のある収支計画の作成に役立つのも、過去のキレイな数字です。

「収支計画」と聞いて真っ先に思いつくのは、金融機関の融資審査時に提出する事業計画書でしょう。融資の申し込みをすると必ず提出を求められるものが「決算書」と「事業計画書」です。

この事業計画書のなかで必ずといっていいほど記載しなければならないのが、**将来の業績や資金繰り計画を記載した収支計画**となります。左図にあるように、融資審査の際には収支計画の内容に関して質問されますが、これらの質問に説得力をもって答えるためには、過去のキレイな数字が役に立ちます。

融資審査の際、**「この会社に融資を実行しても問題ないか？」という観点から収支計画**

融資審査で質問されやすいこと

「融資された資金は何に使うのですか？」

➡ 本当にそんな資金が必要なのですか？　ほかのことに使うのではないですか？

「どのように売上を獲得しますか？」

➡ 本当にそんなに急激に売上を伸ばすことができるのですか？　収支計画に無理があるのではないですか？

「毎月どの程度利益は確保できますか？」

➡ 融資した資金を利益の額から返済できますか？　収支計画に記載された利益は、根拠のある数字から算定されてますか？

小さな会社の場合……

収支計画は融資の際に使うもの

▼

金融機関の最大の着眼点は「きちんと返済できるのかどうか」であり、担当者は「この会社に融資を行っても問題ないか」という観点で収支計画書を見る。
過去の数字（決算書）と将来の数字（収支計画）がリンクした説得力のあるものでないと、マイナスの印象を与えてしまう

ムダをなくすコツ

収支計画は説得力がないと意味がない

を見られることになります。もちろん将来の計画なので、融資担当者も確実にその通りにビジネスが進むとは思っていません。ただ、融資担当者も「この会社の収支計画には説得力がある」ということを金融機関内で上司に説明をしなければならないのです。

金融機関の着眼点と社長の着眼点のギャップを理解する

収支計画が説得力のあるものかどうかは、次のような観点から検証がされます。

・現在の立ち位置を社長自らが正確に把握していること
・将来のビジョンが、現在の立ち位置を基準として合理的に数値化されていること
・収支計画の内容を社長自らが「当事者意識」をもって説明できること

このなかで最も重要なことは、これまで説明したムダ遣いの削減の場合と同様に、「**現在の立ち位置を正確に把握していること**」といえます。

融資審査の際は、事業計画書だけではなく過去の決算書も提出を求められます。それは**融資担当者が「現実味のある収支計画」かどうかをチェックする**ためです。

売上が去年と比較して何倍にもなっていたり、これまで赤字であったにもかかわらず急

融資担当者の収支計画の着眼点

- 社長が現在の立ち位置を正確に把握できているか？
- 将来の計画は無理がないものか？
- 事業計画書の内容に社長の「当事者意識」はあるか？

➡ 過去の数字と著しく乖離していると怪しい

NGな収支計画

- 売上が根拠なく昨年の数倍にもなっている
- 現在は赤字だが、根拠なく1年後には利益率が10%になっている

ムダをなくすコツ！

現実味のある収支計画であるかがチェックされる

に利益率が10%にも膨れ上がっていたりと、現実味のない収支計画になっていれば、融資担当者が「この会社、大丈夫かな」と疑問に思うのも当然です。もちろんそこに客観的な裏づけがあれば問題ないですが、このような収支計画は、大抵の場合「〇〇円調達したい」という願望だけを反映させた無茶な収支計画といえます。

金融機関は必ずといっていいほど、過去の数字と収支計画のつながりをチェックします。

過去の数字がキレイだと、融資審査の際の担当者の心象も違ってくるということは押さえておきましょう。

section 04

納税額はもちろん納税時期も把握する

ココに注目！

- 税率
- 中間納付

納税を「社会貢献の一環」と考え、他人事のように考えている人が多いのが実際のところでしょう。「現時点でどのくらいの納税資金が必要ですか？」という質問に、おおよその金額でも答えられる人は少ないです。会社を経営している以上は、税金は「管理すべきコスト」という認識に変えていく必要があります。

税金を管理すべきコストとして認識するためには、**いつ、いくらの税金を納める必要があるのかをざっくりとでも押さえておく**ことが必要です。管理する（＝節税をする）のであれば、年1回ではなく、月1回、少なくとも3カ月に一度は「おおよそいくらぐらいの納税が発生しそうか」を押さえておくことが理想的といえます。

「法人税等」とは法人税や地方法人税、事業税や住民税の総称をいいますが、課税標準や税率もまちまちで、かつ定期的に税率は改正されてしまいます。そのため、これらをこと

会社が納める税金（法人税等）

2021年10月現在の法人に対する税率

資本金が1000万円で、本店が東京の場合（従業員50人以下、支店なし）

	課税標準	税率	備考
法人税	課税所得	23.2%	※1
地方法人税	法人税額	10.3%	
事業税	課税所得	7.0%	※2
特別法人事業税	事業税額	37.0%	
住民税（法人税割）	法人税額	7.0%	※3
住民税（均等割）	－	70,000円	

※1：課税所得800万円までは15%
※2：所得に応じた軽減税率が適用される。年間所得が2,500万円を超えると超過税率が適用される
※3：法人税額が1000万円を超えると超過税率が適用される

税金を「管理するべきコスト」
と認識するよう意識を変えていく

↓

「いつ」「いくら」税金を
納めなければならないのか、ざっくり把握する

押さえておくべきポイント

利益に対して25%～30%の法人税等が発生する

ムダをなくすコツ！

3カ月に一度はざっくりとした納税額を把握する

細かに覚えておく必要はなく、まずはざっくりと「利益に対して25％〜30％の法人税等が発生する」とだけ覚えておきましょう。

法人税等はいつ、いくら払わなければいけない？

多くの会社の場合は左の図のように、決算日から2月以内に確定納付、その半年後に中間納付と、年２回納付のタイミングが訪れます。

例えば第１期の法人税等が４００万円であった場合、第2期の途中で「中間納付」として第１期の半分の２００万円を一旦納めることとなります。

もし、第2期が明らかに赤字の見込みである場合は、第2期の上半期で仮決算を組み、中間申告書を提出することで、中間納付義務を免除することも可能です。ただし、中間申告は確定申告と同様の水準で決算書や申告書を作成して提出しなければならないため、納付期限の直前に対処することは難しく、事前に準備が必要となります。

中間納付も期日までに納めることができないと、「滞納」という扱いになり、延滞税などのペナルティも発生してしまいます。急に税務署から納付書が送られてきて、直後に想定もしていない多額の納税義務を負ってしまうなど、資金繰りをひっ迫させる状態を避けるためにも、「中間納付」という存在があることは理解しておきましょう。

法人税等を納税する時期

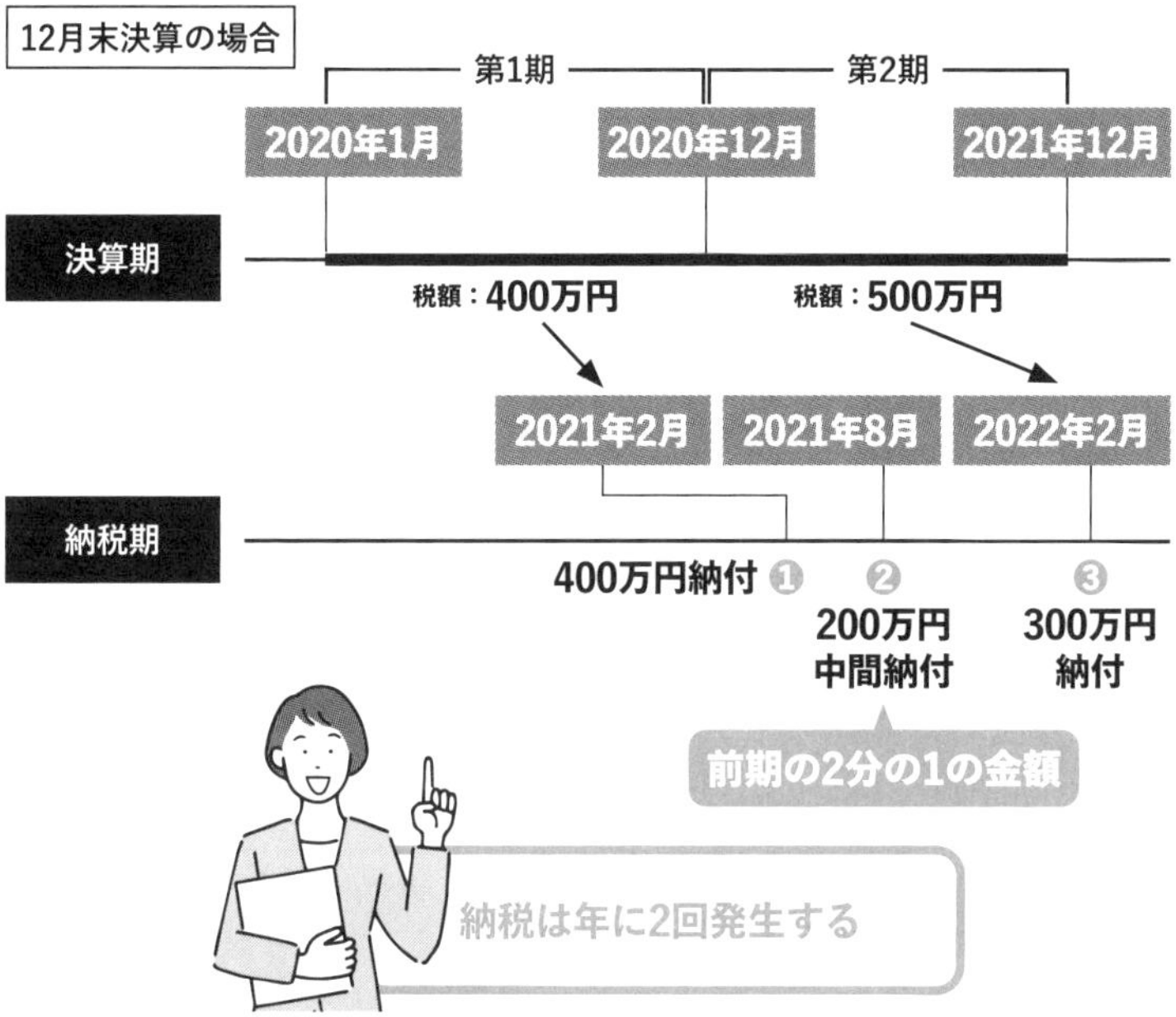

第1期の納税額：400万円

❶2021年2月に納付

第2期の納税額：500万円

❷2021年8月に中間納付として200万円納付（前期の2分の1）
❸2022年2月に確定納付として300万円納付（500万円－200万円）

ムダをなくすコツ！

納付のタイミングを把握して滞納を避ける

section 05

消費税の納税額を把握している人は少ない

ココに注目！

仮受消費税

仮払消費税

「取引先から預かった消費税と自社が支払った消費税を差し引いて、納付しなければならない」と、何となく制度は理解しつつも、今年はいくら納付しなければならないのかを理解している人が最も少ない税金が、「消費税」であるといえます。特にコストの大半が人件費であるサービス業などの場合は、仮に利益が出ていなくても、それなりの金額を納めなければならないため、急な納税資金の準備に頭を抱えた人も少なくないでしょう。

最も滞納が多い税金は消費税

左の図は国税庁が毎年発表している税金の種類別の滞納状況となりますが、**すべての税目のなかで圧倒的に滞納額が多いのが消費税**となります。

法人税と比較しても圧倒的に消費税が多い理由として、**消費税をいくら納付すべきかわ**

税目別の税金滞納状況

（単位：億円）

税目	新規発生滞納額
所得税	1,581
法人税	697
相続税	308
消費税	3,521
その他税目	35
全税目計	6,143

すべての税目のなかで滞納額が圧倒的に多いのが、消費税！

出所：国税庁「平成30年度租税滞納状況」

消費税滞納が多い理由は……

・取引先から預かっているという認識が不足している
・毎月試算表を作成していても、経理方法によっては毎月の納税額が試算表に現れてこない
・免税事業者だと思っていたが、当期から課税事業者に代わっていた

主な要因として考えられるのは、「いつ、いくら納税すればいいか把握していなかった」ということ

ムダをなくすコツ

いつ、いくら消費税を納める必要があるのか知る

からず、気がついたら多額の納税義務を抱えてしまっていた、という方がほとんどだと思います。税金の滞納により、差し押さえなどの滞納処分を受けてしまうと、今後の営業活動にも大打撃を受けてしまいます。税金の滞納は避けたいところです。

利益が出ていなくても消費税納税は発生する

「税金は利益が出ていなければ納めなくていい」と思っている人は、意外と多いです。そしてその考えこそが、消費税が最も滞納が多い税目となっている要因の１つといえます。もちろん業種によっては利益と消費税がうまく連動している会社もあるとは思いますが、特に人件費が多い会社は、**赤字であるにもかかわらず消費税だけは納税しなければならない**、というケースが多いです。

　例えば左の図の場合、１５０万円の赤字となっているにもかかわらず、人件費が多額に生じているため、消費税の納税額が発生しています。人件費や保険料は、費用にはなるものの消費税の課税対象取引とはなっていないため、控除が取れないことが原因です。

　私は、消費税は納税額の計算過程を説明することが最も難しい税目であると考えています。どの取引が消費税の課税対象となり、どのように集計し、どのように納税額を算定するのか、これらの算出過程は、消費税率の改正や軽減税率の導入などにより毎年といって

赤字であっても消費税の納税は発生する

（単位：万円）

	金額
売上	2,000
売上原価	△ 1,200
人件費	△ 800
広告費	△ 100
交際費	△ 20
保険料	△ 30
⋮	⋮
利益	△ 150

（単位：万円）

消費税
200
△ 120
0
△ 10
△ 2
0
⋮
68

利益はマイナスになっているのに、
68万円もの納税額が発生している！

よくある勘違い

「利益がなければ税金は発生しない」

▼

給料や支払保険料などは消費税の控除ができない（消費税の課税対象ではない）。

利益が出ていなくても消費税の納税は発生することがあるため、納税額を把握していないと滞納しやすい

ムダをなくすコツ

消費税の仕入税額控除の対象とならない費用がある

いいほど複雑化しています。

ただし、おおよその納税額を把握することはそこまで難しくありませんし、円単位で消費税の納税額を確認する必要性はありません。自社で経理していようが、会計事務所に経理を丸投げしていようが、会計ソフトを使って記帳をしているのであれば、貸借対照表にある2つの科目を見ればおおよその納税額は把握できるのです。

消費税額はどこで見る？

冒頭でも紹介した通り、消費税は「預かった消費税」から「支払った消費税」を差し引いた金額が納税額となります。

預かった消費税は「仮受消費税（負債）」、支払った消費税は「仮払消費税（資産）」に計上されているので、**仮受消費税から仮払消費税を差し引いた金額が消費税のおおよその納税額**です。

税理士に計算してもらった最終的な納税額とは多少異なりますが、この2つの科目を定期的に見ておくことで、おおよその消費税の納税額は把握することができます。

消費税の納税額を把握する

（単位：千円）

貸借対照表			
資産の部	金額	負債の部	金額
現預金	5,000	買掛金	1,500
売掛金	2,000	未払金	1,000
⋮	⋮	借入金	3,000
⋮	⋮	⋮	⋮
⋮	⋮	仮受消費税	1,300
仮払消費税	800	⋮	⋮
⋮	⋮	純資産の部	金額
⋮	⋮	資本金	10,000
⋮	⋮	⋮	⋮

消費税の納税額

POINT

①仮受消費税：130万円……取引先から預かった消費税
②仮払消費税：80万円……自社で支払った消費税

➡ ①から②を引いた額が消費税の納税額イメージ
図の場合は50万円となる

期中に土地や株式の売却があった場合や、社会保険診療報酬が多い医院などの非課税売上高が多い場合は、上記で算出される金額と大幅に異なる（納税額がもっと多くなる）こともある

ムダをなくすコツ

おおまかな納税額は貸借対照表を見るとわかる

section 06

ムダを見つけるためには数字の比較分析が必須

ココに注目！

決算書

試算表

会社の数字をキレイにする（＝会社の実態に合わせた数字をつくる）と、ムダ遣い削減の足掛かりになるだけではなく、次のようなメリットがあることをこれまで述べてきました。

・資金繰り改善のヒントが見えてくる（36ページ参照）
・社長が何に時間を割くべきか見えてくる（40ページ参照）
・説得力のある事業計画書（収支計画）の作成に役立つ（46ページ参照）

もちろん、会社の数字をキレイにするだけでは何の改善にもつながりません。その数字を次に活かすためには、**キレイな数字から「何を改善すべきか」を見つけ出す**ことが大切

会社の数字をキレイにするメリット

ムダ遣い削減の足掛かりになる

会社の数字をキレイにするとは、会社の実態を正しく表した数字をつくるということ

資金繰り改善のヒントが見えてくる

資金繰り改善の第一歩は、会社の実態を把握すること
➡36ページ

社長が何に時間を割くべきか見えてくる

忙しいなかでむやみやたらに対策をするのはNG。優先順位が見えてくる
➡40ページ

説得力のある収支計画を作成できる

自社の立ち位置を把握し、いざというときの融資に備えることができる
➡46ページ

適切な節税策を講じることができる

現時点の納税額を把握する。突貫工事で行う税金を減らす対策は追徴リスクのもと

ムダをなくすコツ

過去のキレイな数字が改善点発見に役立つ

です。

決算書だけではムダが見えづらい

例えば、先週1週間の業績をまとめた数字がすぐ手元にあり、そこから改善策を見つけて来週に活かすためのプランを立てなければならないとなったとしましょう。

もちろん「キレイな数字」を見ていることが大前提となりますが、大半の人は次のように、**先週起きた出来事を具体的に思い出し、なぜそのような数字になっていたかを分析する**ことができるでしょう。

・先週1週間の売上は想定していた金額とどの程度離れていたのか？
・売上に対応するコストはいくらかかり、利益はどうなっていたか？
・利益が想定よりも少なかった場合、何にどのくらいコストがかかっていたのか？
・かかりすぎていたコストがある場合、どのように削減させることができるか？
・ほかのことにコストをかければ、もっと売上を獲得できたのではないか？

手元にある会社の数字と聞いて思いつくのは、多くの場合は「決算書」となります。ただし残念なことに、多くの人は、「決算書」から次につながるアクションを起こすことは難しいのです。

決算書は会社の1年間の財政状態や経営成績を示したものとなります。もちろん年間の業績を示した決算書からも多くの情報を読み取ることができますが、小さな会社の場合、年初の1カ月間と年末の1カ月間を切り取って比較した場合、著しく状態が異なっていることもあります。

それらの1年間の情報が凝縮された「まとまった数字」を見たとしても、総括的な振り返りしかできず、具体的に何をどのように改善すればいいかという打開策を見出すことは難しいのです。

「試算表」はどこの会社でも作成している

決算書は、日本で法人税の申告をしている会社であれば必ず作成しているものとなります。そしてその決算書は、自社で経理をしている会社であっても、税理士に会計帳簿の作成を丸投げしている会社であっても、さらにどの会計ソフトを使っていようとも、次の手順で作成されます。

①日々の取引の1つひとつの「仕訳」を作成する
②仕訳を勘定科目ごとにまとめて「総勘定元帳」を作成する
③総勘定元帳を集計して、「試算表」を作成する
④1年分の試算表を集計して、「決算書」を作成する

「いや、うちの会社は総勘定元帳とか試算表とかはつくっていない」

という人もいるかもしれませんが、そんなことはありません。**決算書をつくるためには総勘定元帳も試算表も必須**であり、むしろ総勘定元帳や試算表がない状態で決算書をつくる方法を私は知りません。

そして、毎月会計事務所から試算表が送られてきているにもかかわらず、それをほとんど見たことがないという人が意外と多いのも事実です。

試算表の見方がわからない、試算表ができあがるのが遅い、試算表を見る時間がない、そもそも試算表があるのかどうかもわからない、など、見たことがないという理由はさまざまですが、1ついえることは、**数字を見る「プロ」はすべからく試算表を見ている**とい

決算書作成までの流れ

❶仕訳	売上、仕入、給料の支払い、税金の支払いなど日々の取引を記録する
❷総勘定元帳	❶の仕訳を、勘定科目ごとに集計し、勘定科目ごとの内訳を作成する
❸試算表	決算書をつくる前段階のデータ。「貸借対照表」「損益計算書」の形式で月別に表現されている
❹決算書	最低でも年に1回作成する貸借対照表や損益計算書などの総称。1年間のまとまった数字が表現されている

押さえておくべきポイント

どんな会社でも「総勘定元帳」や「試算表」を経て、決算書が作成されている

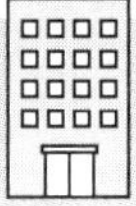

ムダをなくすコツ！

必ず作成されている試算表を確認する

うことです。

「試算表」はプロが必ず見る書類

小さな会社の数字を見る「プロ」として、税理士、税務調査官、金融機関、経営コンサルタントなどが挙げられます。それぞれ数字を見る目的や着眼点は異なるものの、必ずといっていいほど、決算書だけでなく試算表を目にしているといってもいいでしょう。

試算表は会社の成長性や改善すべき課題を見つけるための宝庫ともいえますし、裏を返せば、試算表なしには細かい現状把握をすることが難しいのです。**試算表なしには会社のムダの削減はできない**ので、経営者が試算表を活かさない方法はありません。

試算表の見方は至ってシンプル、次の2つの観点から数字を見ればいいのです。

①毎月の数字を並べて、勘定科目ごとの増減分析をする
②各コストの対売上比率を出して、コストのボリュームが適正か比較する

この2つの観点での数字の見方を、次のページ以降で紹介していきます。

数字のプロが必ず見る書類「試算表」

	目的	着眼点
税理士	適切な納税	・節税策はないか？ ・改善点はないか？
税務調査官	適切な納税	・適切に納税されているか？ ・納付漏れはないか？
金融機関	融資の実行	・返済能力あるか？ ・成長性はあるか？
経営コンサル	業績改善	・売上UP策はあるか？ ・改善点はないか？

着眼点は異なるものの、それぞれの目的を達成するために試算表を見ている

会社のムダ削減にも試算表を活かす！

試算表の効果的な見方

❶月別の勘定科目ごとの増減を見る（68ページ）
❷各コストの対売上高比率を見る（74ページ）

ムダをなくすコツ

試算表は小さな会社の現状把握に欠かせない

section 07

ムダの見つけ方①

毎月の数字を並べてみる

ココに注目！

比較分析

月次推移表

会社の安全性を分析するための指標である「流動比率」や「自己資本比率」、生産性を分析するための指標である「労働生産性」など、会社の財務状態を分析するための重要な指標はさまざまです。しかし、これまで財務分析などをしたことがない社長にとっては、これらの数字をはじき出したところですぐに改善策を見出すことは難しいでしょう。

小さな会社のムダを見つけるために最も重要なことは「比較分析」をすることであり、そのなかでもすぐに異常点や問題点を見つけることができるのが「月次比較分析」、すなわち**毎月の数字を並べて見る**こととなります。

毎月の数字を並べて比較する

ムダを見つけるためには、何がムダなのかを特定しなければなりません。そしてムダを

損益計算書の月次推移表を見る

A社の損益計算書（月次推移表）

（単位：円）　（単位：円）

勘定科目	1月	2月	3月	…	年間合計
売上高	4,500,000	6,000,000	5,500,000		64,000,000
売上原価	1,350,000	2,400,000	2,200,000		23,800,000
売上総利益	3,150,000	3,600,0[illegible]	3,300,000		40,200,000
役員報酬	600,000	600,000	600,000		7,200,000
給料手当	900,000	1,200,000	1,100,000		12,800,000
法定福利費	180,000	216,000	204,000		2,400,000
広告宣伝費	500,000	100,000	100,000		2,800,000
接待交際費	120,000	100,000	150,000		1,480,000
旅費交通費	85,000	90,000	85,000		1,040,000
通信費	30,000	30,000	30,000		360,000
消耗品費	200,000	300,000	250,000		3,000,000
⋮	⋮	⋮	⋮		⋮
販売費・一般管理費	3,110,000	3,121,000	3,009,000		36,960,000
営業利益	40,000	479,000	291,000		3,240,000
⋮	⋮	⋮	⋮		⋮

❶1月はいつもより広告費を使ったけれど、効果はあったのか？
❷2月の売上は伸びたけれど、原価が高騰しているのはなぜか？
❸交際費が上がっているけれど、何に使っているのか？

ムダをなくすコツ

毎月の数字を並べて**比較分析**を行う

特定するためには、「なぜそうなっているか」と疑問をもつことから始める必要があります。

毎月の数字を比較してみると、「なぜその月はそうなったのか？」「なぜ毎月その金額が発生しているのか？」などの疑問点が必ず出てきます。

例えば、前ページで示したA社の損益計算書（月次推移表）を見てみると、

①1月の広告宣伝費はほかの月と比較して多く計上されているが、なぜか？　その広告の効果はちゃんと出ているのか？
②2月は売上が上がっているものの、原価が高騰しているのはなぜか？
③毎月コンスタントに交際費が発生しているのはなぜか？

など、さまざまな疑問が生じてきます。それ以外にも、

「地代家賃もそれなりに発生しているが、従業員数の割に多いのではないか」

「毎月の支払手数料には何か計上されているか」

など、なぜその月にその金額のコストが発生しているか、疑問が出てくることでしょう。

小さな会社のムダを見つけるためには、小難しい財務分析指標を用いるのではなく、**「なぜその月にその金額が発生しているのか」という疑問をもち、「そのコストは本当に必要**

月次推移表の見方のポイント

他の月よりも大幅に金額が増減しているコスト

イベントがあったはずなので
効果測定が必要

改善が必要か継続すべきかの意思決定

毎月コンスタントに発生しているコスト

なぜその金額が発生している
か忘れがち

金額を見直すよい機会

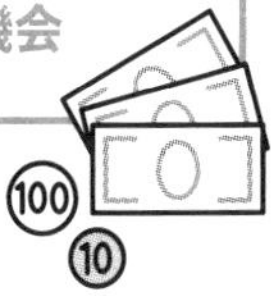

ムダをなくすコツ!

本当に必要なコストなのかの検討が最重要

なものか」を検討することが最も重要なのです。

まずは、「ほかの月よりも大幅に金額が増減しているコスト」と「毎月コンスタントに発生しているコスト」に分けて、それぞれなぜそうなったのかを検証してみるところから始めてみましょう。

なお、「うちの会社に月次の数字を並べたものなどない」という人も稀にいますが、大抵の会計ソフトの場合は、「**月次推移表**」というものを出力することができます。月次推移表を出力することができない会計ソフトを私は見たことがありません。

経理社員や税理士に一度聞いてみましょう。

損益計算書だけではなく貸借対照表の比較分析も重要

業績を示す損益計算書だけを見がちですが、月末時点の財政状態を示す貸借対照表の試算表も重要です。会社のムダを見つける直接のキッカケにはなりづらいですが、資金繰り改善などには欠かせないものとなります。

・現預金は増えているか
・未回収債権（入金がない売掛金）は増えていないか
・在庫は適正にはけているか
・現時点での消費税の納税額（仮受消費税－仮払消費税）はいくらか
・債務超過になっていないか

などなど、貸借対照表（月次推移表）からも多くの情報を読み取ることができます。損益計算書と同様に、**月次推移表を用いて毎月の数字を並べることで、各勘定科目がどのような推移となっているかを把握する**ことも可能です。滞留債権や過剰在庫の解消など、**会社の資金繰り改善に直結する課題をすぐに見つける**ことができます。

財政状態の把握には「貸借対照表」(月次推移表)

毎月の数字を並べると
各勘定科目の推移を把握できる

(単位：円)

勘定科目	1月	2月	3月
普通預金	20,000,000	23,000,000	22,000,000
売掛金	900,000	1,200,000	1,375,000
商品	225,000	600,000	825,000
前払費用	350,000	350,000	350,000
仮払消費税	275,500	623,500	951,500
⋮	⋮	⋮	⋮
流動資産合計	22,550,000	24,849,000	25,160,000
器具備品	1,500,000	1,450,000	1,400,000
⋮	⋮	⋮	⋮
固定資産合計	2,850,000	2,780,000	2,710,000
資産の部合計	25,400,000	27,629,000	27,870,000
買掛金	1,000,000	1,600,000	1,400,000
未払金	1,800,000	2,500,000	2,300,000
預り金	150,000	200,000	200,000
仮受消費税	450,000	1,050,000	1,600,000
長期借入金	10,000,000	9,800,000	9,600,000
負債の部合計	13,400,000	15,150,000	15,100,000
資本金	5,000,000	5,000,000	5,000,000
繰越利益剰余金	7,000,000	7,479,000	7,770,000
純資産の部合計	12,000,000	12,479,000	12,770,000
負債・純資産の部合計	25,400,000	27,629,000	27,870,000

…

ムダをなくすコツ！

資金繰りに直結する課題を貸借対照表で発見

section 08

ムダの見つけ方②

売上との比率を見る

会社は売上を獲得するためにコストを使います。そのコストが適切か、**売上高を100%とした場合の各費用の割合（%）を見る**ことで、ムダを見つけるキッカケをつくることができます。ここでは「比率」に注目して見ていきましょう。

例えば売上に対して原価が占める割合を原価率、売上に対して人件費が占める割合を人件費率といいます。

原価や人件費は、どの会社でも全コストのうちに占める割合が高いものであるため、ムダを見つけるための重要なポイントとなります。何%が適切かは業種などによって大幅に異なるので、一概にいうことはできません。ただし、ムダを見つけるという観点からは、**金額だけではなく、売上高に対する各コストの比率も毎月並べてみる**ことが肝心です。

例えばA社の月次推移表を見てみると、次のようなことが見えてきます。

ココに注目！

- 原価率
- 人件費率

「比率」に注目して月次推移表を見る

A社の損益計算書（月次推移表）

（単位：円）

勘定科目	1月		2月		
売上高	4,500,000		6,000,000		
売上原価	1,350,000	30.0%	2,400,000	40.0%	❶
売上総利益	3,150,000		3,600,000		
役員報酬	600,000	13.3%	600,000	10.0%	
給料手当	900,000	20.0%	1,200,000	20.0%	❷
法定福利費	180,000	4.0%	216,000	3.6%	
広告宣伝費	500,000	11.1%	100,000	1.7%	❸
接待交際費	120,000	2.7%	100,000	1.7%	
…	…	…	…	…	
消耗品費	200,000	4.4%	300,000	5.0%	❹
…	…	…	…	…	
販売費・一般管理費	3,110,000		3,121,000		
営業利益	40,000	0.7%	479,000	8.0%	
…	…	…	…	…	

…

❶急上昇している原価率は、改善の余地がある
❷人件費の額は増えているものの、人件費率は増加していないので、適切に人件費コントロールができている
❸売上獲得に貢献する広告費であれば、もっと積極的に使ってもいいのでは？
❹消耗品費率が高く、改善の余地がある

ムダをなくすコツ

売上高に対するコストの比率も確認する

①売上原価……1月から2月にかけて原価率が大幅に上昇しているので、売上の増加額と比べて利益がそこまで大きく伸びていない。

②人件費……1月から2月にかけて金額は増加しているが、人件費率は1月と2月でほとんど同じであるため、人件費の増加は問題なく、売上の上昇に合わせて人件費コントロールができている。

③広告宣伝費……1月にかけた広告の成果は2月の売上で反映されている。一方で2月の広告費率は1・7%と低い水準のため、今よりももっと広告費を使っても十分に利益は残る。

④消耗品費……売上の5%も消耗品が発生してしまっているが、これは適正か？　まずは何にどのくらいの消耗品費が発生しているかを検証して、ムダなコストの洗い出しをする必要がある。

コストは売上獲得に貢献するものでなければ意味がないので、**対売上高比率を意識することがムダなコスト削減のキッカケ**になります。

第3章

こんな状況はNG！
ムダな出費を生む
シチュエーションと改善策

section
01

ムダな支出をするなら税金を払ったほうが得？

ここがムダ

減税目的の支出

脱税

医療や社会保障、警察や消防などの公的サービスを維持するための財源として、会社は利益に相応した納税が義務づけられています。

もちろん、税金がこのような社会貢献の役割を担っているということは理解しつつも、小さな会社の経営者であれば、「できるだけ税金は払いたくない」「税金はできるだけ払わずに会社にお金を残したい」「残したお金で従業員への給料を増やしたり、新たな投資にお金を回したりして会社を成長させたい」という考えをもつことでしょう。しかし、**「税金を支払いたくないけど会社にお金を残したい」という考え方自体が矛盾しているの**です。

無理に税金を減らす方法は、「税金以上のお金を使う」か「脱税」をするか

会社にお金を残す方法はただ1つ、利益を出すことであり、**利益を出せば必ず税金は払**

会社にお金を残すには税金を払うしかない

（単位：万円）

売上	200
必要な費用	150
ムダな費用	100
利益	△ 50
税金	0

（単位：万円）

売上	200
必要な費用	150
ムダな費用	0
利益	50
税金	15

会社には利益－税金＝35万円が残る

押さえておくべきポイント

利益を出し税金を払わない限り、会社にお金は残せない

ムダをなくすコツ

利益の約30%の納税が義務づけられている

わなければならないものです。

会社が黒字である場合は、利益に対して30％程度の税金を納める義務が生じます。苦労して稼いだ利益の30％もの金額を税金として納めなければならないということに納得できない人もいるとは思いますが、日本でビジネスをしている以上は、利益を出したらその30％は税金として納めなければならないというルールに従うほかありません。

そうはいっても「税金はできるだけ減らしたい」という願望は誰しもがもっているでしょう。ただし、本来利益が出ているにもかかわらず無理やり税金を減らす方法は、「①税金以上にお金を使う」か「②脱税をする」かの2つしかありません。

①税金以上にお金を使う

お金を使い、その分を費用として計上することで「税金」は減らすことができます。もちろん私的な費用を会社の経費として計上することは認められていないので、会社の経費として計上できるものにお金を使う必要があります。

ただ、「税金」が減るということは、必ず税金以上のお金を使っているということです。売上獲得に必要なコストであれば積極的に投資するべきですが、**税金を減らすことだけを目的に使うコストはほとんどがムダ**となります。ムダな支出を減らすことで利益体質の会社にし、然るべき税金を納めることこそ、会社にお金を残す方法です。

②脱税をする

脱税とは、納めなければならない税金を意図的にごまかして納めないことです。よくないことと知りつつも、「少しぐらいなら」と頭をよぎった人も多いのではないでしょうか。

・売上隠し（売上をなかったものにする、売上の入金先を個人口座にして隠すなど）

無理に税金を減らす方法① 税金以上にお金を使う

売上	5000万円
コスト	△ 4750万円
利益	250万円

①10万円の支出

利益	240万円
税率	30%
税金	72万円

②支出なし

利益	250万円
税率	30%
税金	75万円

①無理矢理10万円の支出をする場合

利益240万円のうち
72万円を税金として
納める必要がある

資金流出額は
10万円＋72万円
＝82万円

②ムダなコストは使わない場合

利益250万円のうち
75万円を税金として
納める必要がある

資金流出額は
75万円

納税額は①のほうが小さいものの、ムダ遣いがあるため、税金を支払うよりも多額の資金を流出させている

ムダをなくすコツ！

税金を減らす目的だけの支出はムダと心得る

・経費の水増し（領収書の書き換えや、架空の請求書を作成するなど）
・在庫を隠す（現に在庫として残っているものを、帳簿上はないものとする）

これらは悪質な脱税の手口の代表例となりますが、意図して私的な経費を会社経費として申告することも脱税です。税理士として多くの会社の決算書や申告書を見てきた身からすると、「あれ、この会社怪しいな」とすぐにわかります。毎日のように税務調査を行っていて、日本でトップクラスの情報収集能力がある国税局や税務署であれば、見抜けない脱税はないといっても過言ではありません。

脱税は必ずバレます。そして**脱税がバレたときには会社が傾くほどのダメージを負ってしまう可能性もある**ので、絶対にやめておきましょう。

ただ、税法に定められた有効な節税テクニックがあるにもかかわらず、本来は支払う必要のない「ムダ」な税金を支払っているケースが稀にあります。

税務調査が入ってもムダに支払った税金の指摘はしてくれません。ムダな税金を支払いたくないのであれば、自ら積極的に節税対策を探して実行する以外、方法はありません。脱税はいけませんが、節税により会社の資金流出を最少限に抑えることは積極的に行うべきです。

無理に税金を減らす方法②　脱税をする

脱税

納めなければならない税金を意図的にごまかして、納めないこと。脱税が発覚すると、会社の経営が傾くほどの重い罰則が科せられる場合もある

悪質な脱税の手口

売上隠し	レジのお金をごまかす、売上金を抜く、入金口座を個人口座に変えて売上をなかったものとする、売上の計上時期を理由なく来年に見送る、など
経費水増し	領収書の金額や日付を書き換える、架空の請求書を作成する、来年にかかる経費を意図的に今年の経費に前倒しする、など
在庫隠し	実際は在庫として残っているにもかかわらず、帳簿上ではなかったものとして書き換える、など

数字のプロは、脱税の痕跡が残る決算書や申告書を見抜くことができる。脱税は必ずバレるものであり、発覚時には罰則が科せられる

- **延滞税や過少申告加算税、悪質な場合には重加算税などのペナルティが発生する**
- **追徴金やペナルティの支払いができなくなると、財産の差し押さえをされる可能性がある**
- **悪質な脱税行為には逮捕もあり得る。懲役刑などの刑事罰が科されることもある**

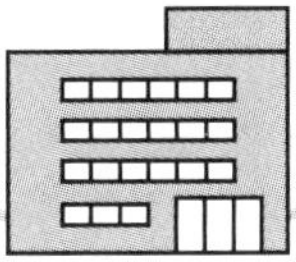

ムダをなくすコツ

脱税ではなく節税を取り入れる

section 02

会社のお金は「浪費」ではなく「投資」に使う

ここがムダ✕

消費

ムダな浪費

家計簿をつけて家庭のお金をできるだけ残そうとするときの大原則は、家計における支出を「消費」「浪費」「投資」に分けることです。

- 消費……生きていく上で欠かすことのできない食費や家賃等の生活費
- 浪費……必要以上の娯楽費
- 投資……将来のための株式投資など

支出をこれらに分類し、できるだけ浪費を減らして投資に回すなどの**「支出の優先順位」をつけて見直す**ことで、家計を豊かにすることができます。

家計と会社の「支出」

家計

- 消費：食費などの生活費など
- 浪費：必要以上の娯楽費など
- 投資：将来のための株式投資など

3つに分類して支出の優先順位をつけることで、家計を豊かにする

会社

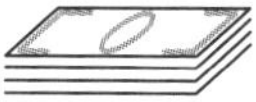

- 浪費：「ムダ」遣い
- 投資：会社の売上に貢献するための支出

押さえておくべきポイント

家計と違い、会社の支出には「消費」という概念がない

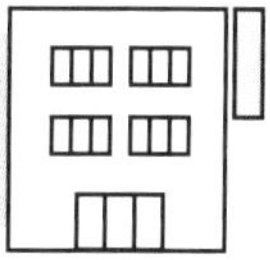

- 会社にとって欠かせない従業員への給料や事務所家賃などの固定費も、「投資」なのか「浪費」なのかという視点で考えることが重要
- 固定費を「消費」と位置づけた時点でコストの見直しを放棄することとなり、ムダ遣いの削減はできなくなる

ムダをなくすコツ！

「投資」は継続し「浪費」はすぐにカット

会社のコストには「投資」か「浪費」しかない

一方で、会社のコストを考えてみてください。家計の支出と異なり、会社のコストには本来的に「消費」という概念がありません。

利益を残すことでしか会社を維持することはできないので、会社が支出するコストはすべて「投資」である必要があり、その**コストが「浪費」となってしまった時点で、すぐに削減すべきムダ遣いとなる**のです。

「そうはいっても、会社を維持する上で欠かせない人件費や家賃などの固定費は「消費」ではないか？」と思う人もいるかもしれませんが、これらの**固定費を「消費」と考えている以上、ムダ遣いを削減することはできません。**

さらにいえば、「維持のために必要なものだから、まあいっか」と、見直すことすらしなくなります。

会社でかかるコストは、どんなものであっても「投資」なのか「浪費」なのかを常にジャッジする姿勢が必要です。

これこそがムダ遣いを生まないための思考といえます。

投資かどうかは長期的な視点で考えなければならない

「会社の支出のうち、投資は継続し、浪費はカットする」、これは会社にお金を残すための鉄則となります。ただし、投資なのか浪費なのかは、長期的な視点で判断を行う必要があるでしょう。

・直近の売上にまったく貢献していない人件費を即座にカットする
・今は成果が出ていないという理由から、広告を即座に停止する
・駅から近い好立地で飲食店経営を開始したが家賃負担が重たいので、少し駅から離れたところに移転する

目先のコストカットを優先した結果、将来得ることができた売上を手放すことになったり、そもそもの会社のビジョンに反することとなったりすることも想定されます。

ムダ遣いである「浪費」はすぐにカットすべきコストです。しかし、その支出が「投資」なのか「浪費」なのかは、長期的な会社の売上獲得を考慮してジャッジする必要があります。

section 03

投資の仕方①

過剰な節税は浪費の温床

ここがムダ

税金を抑える願望

無理な支出

決算日の直前は最もムダ遣いが起きやすい時期であると、第1章で紹介しました。その理由は至ってシンプルで、決算日が近づいて利益が出ていることが確認できた一方、税理士から今期の税金はこのくらいになりそう、という報告を受けて、「こんなに税金を払うぐらいなら、何かほかのモノを買いたい」という衝動に駆られてしまうからです。

決算日直前に「税金を減らす」以外の目的をもった支払いはOK

「衝動買い」と聞くとムダ遣いと思いがちですが、**決算日直前に「税金を減らす」以外の目的をもった支払いをする**ことで、節税効果が得られることもあります。

・従業員に対するボーナスの支給

経費の前倒しによる節税

・期末直前に突発的な売上が発生し、当期は想定よりも多額の利益が発生した
・資金も潤沢にある

来期に使うことが決まっている経費を前倒しで実施（支払い）することが、当期の税金を減らす有効策となる

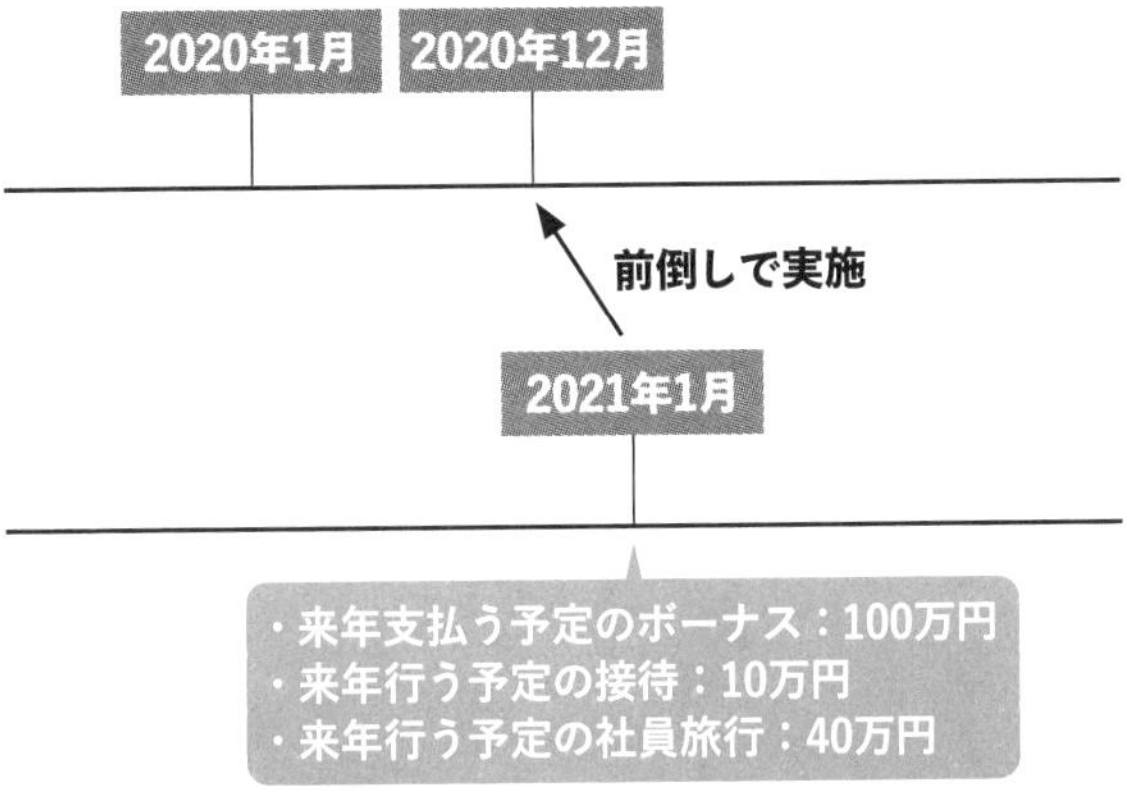

本来の金額	
利益	500万円
法人税	150万円

➡

節税後の金額	
利益	350万円
法人税	105万円

ムダをなくすコツ

「税金を減らす」以外の目的をもって実施する

・得意先に対して行う接待
・社員旅行

例えば、これらを決算日の過ぎた翌期の直近に行うことがすでに決まっていたとします。これらの費用は実際の役務提供日（接待を行った日や社員旅行をした日）や支払日に会社の経費として計上されるものです。これらをあえて前倒しして実施することで、当期の経費となり、当期の法人税等を減らすことができます。

来年度の経費を当期の経費としているだけなので、もちろん来年度の費用はその分減る（来年度の税金は高くなる）ことになりますが、税金は「いくら払うか」と「いつ払うか」という両方の視点から考えることが必要です。

そして最も重要なことは「税金を抑えたい」という願望以外に目的があることとなります。基本的に、税金が安くなるということは、遅かれ早かれ会社から資金が流出することとなります。**税金を抑えたいという目的だけで行う支出は、必ずといっていいほどムダ遣いにつながってしまう**のです。

本書では第5章で有効な節税テクニックを紹介しているので、こちらもあわせて参考にしてみてください。

税金を払うことでしか会社にお金を残すことができない

法人税等は会社の利益に対して課される税金なので、利益が出ていなければ基本的には法人税等は発生しません。

税金を払いたくない人は会社に利益が出ないように試行錯誤しますが、**利益が出ないようにするということは、その分会社のお金を使うこと**となるのです。使った分だけ、会社の資金が流出していきます。

税金を納めるということは、それだけ会社にお金を残すことができた証拠となり、金融機関からの融資審査でも必ずといっていいほど好印象を与えます。

節税はすべきですが、会社を成長させていく過程で納税は避けることができませんし、納税ができることは会社が成長できている証となるのです。

納税は社会貢献という意識ではなく、会社が成長している証という認識でいることが健全といえます。

section 04

投資の仕方②

使うべきコストの変化

ここがムダ

使わないサブスク

固定費

会費や定期購読という文言には抵抗があるものの、**サブスク（サブスクリプション契約）**と聞くと途端に利便性の高い優良なサービスと印象が変化する人も多いのではないでしょうか。音楽や動画のサブスク市場は爆発的な勢いで成長し、誰もが何かしらのサブスク契約をしているといっても過言ではない時代となりました。サブスクと聞くと動画配信サービスや音楽聞き放題サービスなどのプライベート利用のものばかりが思いつきますが、会社として利用しているサブスクも意外と多くあります。

会社として契約しているサブスクも意外とある

サブスクの最大のメリットは初期投資がかからず、登録・解約も自由にできることにあります。**低コストでサービスを使い放題にできるため、利用頻度が高くなればなるほどコ**

サブスク利用のメリットとデメリット

メリット

- 初期投資がかからない
- 低額なので、利用頻度が高いと得
- 契約、解約の手続きが簡単

デメリット

- まったく利用しない場合でも固定費がかかる
- 低額なので、解約のタイミングを失いやすい

契約している間、口座やクレジットカードから毎月自動的に支払いが生じる

ムダをなくすコツ

サブスクがムダな資金流出の原因になる場合がある

ストパフォーマンスがよくなるのです。

一方で、サブスクは利用頻度が減った途端にムダな固定費になります。低額がゆえに、気がつかないうちに資金を流出させる要因になってしまうのです。

例えば、カーシェアリングサービスやウォーターサーバー、レンタルサーバーや打合せスペースとして利用するためのレンタルルームなどが会社で契約しがちなサブスクです。利用頻度に応じて多少コストが追加されるものもありますが、基本的には毎月一定額を支払えば使い放題となります。

少額とはいっても、これらを契約し続けている間は毎月口座やクレジットカードから自動的に支払いが行われます。も

しそれが使っていないものであるとすればムダな固定費となり、じわじわと会社の資金を流出させ続けるものとなります。

一度すべてのサブスクを解約し、必要に応じて再契約する

新型コロナウイルスの影響により、働き方が大きく変わりました。**働き方が変わったということは、これまでと違うものにコストをかける必要があるということ**です。

リモートワークが当たり前になることで、リモートワーク用のパソコンやビジネスチャットツール、Ｗｅｂ会議システムを契約したりするなど、新しい働き方に対応するためにさまざまなコストがかかります。一方で**これまでかけてきたコストが不要になる**こともあります。オフィスに出社する人数が減ったということであればその分削ることができるものもありますし、対面での打ち合わせが減ったとなると会議用として借りていたレンタルオフィスも利用頻度が減るでしょう。

働き方が変わり、かけるべきコストも変わっていきます。サブスクは解約の自由度が高いというメリットもあるので、少しでも利用頻度が減ったものがあれば解約をし、必要となったら再度契約をすればいいのです。年に一度でも契約しているサブスクを見直し、思い切ってすべて解約してみるのもムダ遣い削減の１つの選択肢といえます。

会社のサブスクリプション契約の例

- **カーシェアリング**
- **オフィス備品のレンタル**
- **ウォーターサーバー**
- **名刺管理系サービス**
- **会議用のシェアオフィス、レンタルルーム**
- **レンタルサーバー**
- **ドメイン**
- **固定回線やFAX**
- **定期購読雑誌**
- **有料メルマガ**

など

押さえておくべきポイント

サブスクは契約・解約の自由度が高いことがメリット

- **テレワークの増加などの影響で少しでも利用頻度が減ったものは解約し、必要になったときにまた契約する**

  例：オフィスに出社する人数の減少に伴い利用が減ったので、ウォーターサーバーのサブスクを解約する・対面で打ち合わせを行う機会が減ったので、会議用に借りていたレンタルルームを解約する など

- **思い切ってすべてのサブスクを解約することも視野に入れて、1年に一度は契約しているサブスクを見直す**

ムダをなくすコツ！

働き方の変化に伴い必要なコストも変化している

section 05

投資の仕方③

広い事務所はムダ？

ここがムダ ✕

高額な事務所家賃

東京へのこだわり

働き方の変化により会社の在り方も変わりつつあります。

これまでは「ターミナル駅から近くの好立地に綺麗なオフィスを構えること」が、ある種成功している会社のステータスとなっていました。採用活動においても「好立地・キレイで広く、おしゃれなオフィス」と謳えば、一定数の応募は見込めていたかと思います。

今は、好立地よりもテレワークの制度が充実しているほうが応募者も多いという話も聞いたことがあります。改めて**「今のオフィス」が自分の会社にとって必要なものか**を考えるよいタイミングといえるでしょう。

都心の空室率の上昇が目立ち、募集賃料が低下している

働き方の大幅な変化に伴い、これまでのオフィスを解約し、より面積の小さなオフィス

空室率と平均賃料の推移

年次	平均空室率	平均賃料(円／坪)
2020年7月	2.77%	23,014円
2020年8月	3.07%	22,822円
2020年9月	3.43%	22,733円
2020年10月	3.93%	22,434円
2020年11月	4.33%	22,223円
2020年12月	4.49%	21,999円
2021年1月	4.82%	21,846円
2021年2月	5.24%	21,662円
2021年3月	5.42%	21,541円
2021年4月	5.65%	21,415円
2021年5月	5.90%	21,249円
2021年6月	6.19%	21,160円
2021年7月	6.28%	21,045円

出所：三鬼商事株式会社_オフィスマーケットデータ_東京ビジネス地区(2021年7月時点)

- テレワークの拡充による影響か、東京のオフィスビルの空室率が上昇し、平均賃料が低下するという減少が起きている
- 「東京都内のオフィス」にこだわる必要がなくなってきている

ムダをなくすコツ

現在のオフィスが会社にとって必要か考える

へ移転する会社が後を絶ちません。この流れは、特にＩＴ系の会社で顕著に見られます。**出社率の下がった広々とした事務所の高額な家賃は、固定費として毎月流出していく「ムダなコスト」**だからです。

オフィスビルの解約が後を絶たないということは、同時に、募集賃料を下げてでも入居者を望んでいるオーナーは数多くいるはずです。今のオフィスがそこまでの面積を必要としていない状況であれば、移転する絶好のチャンスです。固定費削減のために、今一度事務所の在り方を見直すいいタイミングともいえます。

いっそのこと地方に本社を構えてみるという選択肢

リモートワークの急増により東京に大きい事務所を設ける必要がなくなった場合、いっそのこと本社を東京23区以外の他県へ移転させることも選択肢の1つです。賃料の低下だけではなく、一定要件を満たすことで税額控除を受けることができたり、移転する地方によっては自治体からの補助金が出ることがあったりと、固定費削減以外でもメリットがあります。

人材派遣事業を展開しているパソナグループが東京の本社機能の一部を兵庫県の淡路島に移転する方針を出したり、ジャパネットたかたの持株会社のジャパネットホールディン

本社を地方に構える

地方に移転するメリット

❶賃料や人件費等の固定費削減
❷リスク分散や地域活性化への社会貢献
❸地方拠点強化税制の恩恵

など

↓ 地方拠点強化税制の例

対象	・東京23区から地方に本社を移転する場合 ・東京23区以外の地方から別の地方に本社を移転する場合など
優遇措置	・オフィス減税：建物などの取得価額の一定割合の税額控除 ・雇用促進税制：地方の本社機能における雇用者増加数に対して一定額の税額控除

地方移転の際の注意点

●本社移転にはイニシャルコストがかかる
●従業員の理解を最優先する
●取引先との関係が希薄化する可能性がある
●ITインフラの整備がなされていない地方も存在する

ムダをなくすコツ

必ずしも東京に本社を置く必要がなくなった

グスが東京拠点から主要機能の一部を福岡市へ移転したり、大手芸能事務所のアミューズが東京から山梨県富士山麓に本社移転をしたりと、大企業でも東京から地方へ本社移転をする事例が出てきています。

これまでは東京に本社を置くメリットとして、「市場があり取引先との物理的距離が近いこと」「人材採用で有利となること」などが挙げられていましたが、今となってはこれらが必ずしもメリットとはならない業種も出てきているはずです。

もちろん東京から地方へ移転することは簡単に決められることではありませんが、**東京にこだわる必要がなくなっている**という現状も理解しておくことは大切かもしれません。

場所が肝心となるビジネスの場合は？

コロナ禍で最も打撃を受けた業種の1つでもある飲食店。飲食店を経営する上で「場所」は重要な要素であり、お客様の認知度といった観点からも簡単に移転することはできません。とはいえ、自社の家賃が適正かどうかは把握しておく必要があります。

飲食店経営におけるコスト管理の指標として有名なものが**ＦＬＲ比率**です。ＦＬＲ比率とは、材料費（Food）、人件費（Labor）、家賃（Rent）のそれぞれのコストの売上に対する比率を指します。一般的にはＦＬＲ比率が70％を超えてくると利益を出すことが難しく

飲食店のFLR比率

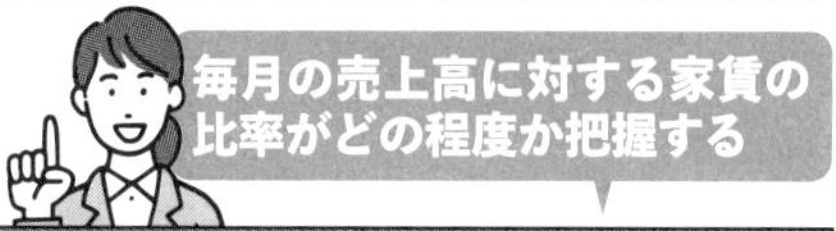

	（単位：円）	売上高に占める割合
売上	5,000,000	－
売上原価	1,500,000	30％
人件費	1,250,000	25％
家賃	500,000	10％

近隣相場との比較で賃料が安いかどうかではなく、売上に対する家賃の比率を把握することが肝心

ムダをなくすコツ

自社の家賃の現状を把握し適正家賃を判断する

なるといわれているので、60％程度に抑えることが理想的といえます。

なかでも家賃については、売上高比率10％程度に抑えたいところです。例えば、月商500万円の飲食店であれば毎月の家賃は50万円程度が1つの目安となります。

このように、家賃も「売上獲得に貢献しているかどうか」といった視点で高いのか低いのかを検証する必要があります。「近隣相場よりも安く借りることができたから、家賃は安い」という判断をするのではなく、まずは**売上高に対する家賃がどの程度を占めているのか**といった視点から適正家賃を判断することが重要です。

section 06

投資の仕方④

大きな複合機はムダ？

ここがムダ

リース料金

「紙」の使用

これまでは当然のように会社に置いてあった複合機ですが、コロナ禍でテレワークが急増し、複合機を見る機会が少なくなったという人も多いのではないでしょうか。

小さな会社の場合、複合機は購入ではなくリース契約とすることがほとんどでしょう。

複合機のリース契約の場合、複合機本体のリース料金と、複合機の利用頻度に応じて発生するカウンター料金があります。もちろん複合機のメーカーやスペック、利用頻度によって毎月のコストが決まりますが、毎月数万円のコストは発生しているはずです。

複合機を使う場面はいつ？

複合機があれば便利と思う場面も多々ありますが、働き方が大幅に変革している今、**果たして本当に複合機は必要なのか？　と考える必要がある**ことは間違いありません。

複合機を使う場面

「紙」をコピーする	データを「紙」に印刷する
「紙」をスキャンしてデータ化する	「紙」をFAXで送る

・そもそも「紙」の資料が存在していることが前提
・テレワークの普及により「紙」を介して人とやり取りをすることが物理的に不可能になった

➡ 複合機は必要？

ムダをなくすコツ！

複合機を使わずに業務を行う方法を考える

ひと昔前までは、「会社を設立したら、従業員を採用して、オフィスを借りると同時に複合機を契約する」というように、会社の設立と複合機の契約はある種セットのような感覚であったと思います。

複合機とは、コピー、プリントアウト、イメージスキャナ、FAXなどの機能が1つにまとめられた事務機器を指します。これらの機能に共通していることは「紙」という媒体が必要な点です。

テレワークの普及により、従業員や取引先と離れた場所でやり取りをしなければならない環境に陥りました。遠隔でやり取りをするということは、「紙」という媒体を通じて意思疎通を図ることが物理的に不可能となったことを意味します。

そんななか、事務所にポツンと置いてある複合機をどのように活かすか？　と考える人は少ないでしょう。

「紙という媒体をどのように活かすか（＝複合機をどのように活用するか）」ではなく、「**紙という媒体を使わずにどのように円滑にコミュニケーションを取るか（＝どうすれば複合機を使わずに済むか）**」を考えることが正常といえます。

経理の世界でも「紙」がなくなりつつある

コロナ禍で「印鑑をなくす」流れが急激に進みました。取引先との契約は「電子契約」が一般的になりつつあり、自社が発行したり仕入先から受領する請求書も、郵送ではなく電子的に受領するケースが主流となっています。

会議やプレゼンも対面ではなくなり、相手に伝えたい情報も紙で印刷して持参するのではなく、Ｗｅｂ会議のシステム上で「画面共有」をすることが当たり前となっています。

経理に目を向けると、これまで証憑書類は紙で保存することが大原則となっていたものが、電子帳簿保存法の改正により、徐々にデータでの保存要件が緩和されてきています。

「経理」＝「紙でやり取りをする」という最近までは当然だった考え方が、急激に変わりつつあります。本書でも第４章で電子化の紹介をしていますが、コストカットに電子化は

経理の世界から紙が消えつつある

契約書

DocuSignやCLOUD SIGNなどのサービスを利用して電子契約をする

請求書、見積書

「紙」を郵送するのではなく、電子化された書類をメール等で送付・受領する

預金明細

通帳記帳ではなく、ネットバンキングで入出金明細を確認する

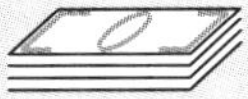

税務申告書の提出

印刷・捺印をして提出するのではなく、電子申告により提出を行う

ムダをなくすコツ!

電子化を進めて現物の紙を使う場面を減らす

欠かせない要素となるのです。

複合機のリース契約は中途解約不可の条項が付されていることが一般的です。仮に中途解約を申し入れた場合、一定額の解約金を支払う必要があります。

まずは、自社でどのような契約を行っているのかを確認し、現在はどのような場面で、どのくらいの頻度で複合機を利用しているのかを確認しましょう。おそらく**「絶対に複合機を利用しなければならない」という場面は限りなく少ない**のではないでしょうか。

そして、特に経理部門の場合は、「どうすれば複合機を使わなくて済むようになるか」を考えることが、ムダな固定費を削減するための第一歩といえます。

section
07

面倒な経費を「その他」で計上していませんか？

ここがムダ

勘定科目の不一致

雑な経理処理

肌感覚で数字の把握ができなくなったときにムダ遣いが生じてしまうことは、第1章で説明してきました。しかし、きちんと経理処理をしていても、「何にいくら使っているかよくわからなくなる」という状況はしばしば生じます。

・広告費をたくさん使ったと思っていたけど、広告費として計上されていなかった
・よくわからないけれど、消耗品費が多額に計上されていた
・100万円を超える「雑費」が計上されていた

会社の経費として認められるものであれば、広告費として計上されていようが、消耗品費として計上されていようが、雑費として計上されていようが、「費用」であることに違

交際費と会議費の違い

交際費	得意先や仕入先、事業に関係のある者などに対する接待等のために支出するもの。得意先との接待飲食や贈答品など
会議費	会議を行うために要した費用のこと。会議のための茶菓子代・弁当代をはじめとした飲食費など

本来は会議費である支出を交際費として処理しているケースがあるが、交際費は一定金額以上は税金計算上の経費として認められなくなってしまう

ムダをなくすコツ

正しい経理処理が節税につながる

いはないため、利益の金額は変わりません。ただ、**ムダを把握する上では、経営者・経理社員・税理士とで使用する勘定科目の共通認識をもって経理処理をしておかないと、せっかくつくった試算表を経営に活かすことが難しくなります。**それだけならまだしも、雑な会計処理をしてしまうことで、本来は払う必要のない税金を納めることにつながることもあるのです。

会議費と交際費を適切に分ける

よくある雑な経理処理が、「飲食費はなんでもかんでも交際費に計上する」というものです。

確かに得意先との接待のために使った

飲食費であれば交際費に計上することは正しいですが、例えば会議のために必要な飲食費であれば、「会議費」として計上することが正しい経理処理となります。

「そんな細かいことはどうだっていいじゃないか」と思う人もいるかもしれませんが、交際費は一定金額を超えると税金計算上の経費として認められなくなります。会議に使ったお金か接待のために使ったお金かを区分することは、ムダ遣い削減のためにも必要ですが、不必要な税金を納めないという観点からも重要なのです。

固定資産を可能な限り分解して計上すると、早期の費用化が可能

車両を取得したり内装工事をしたりと、大きな買い物をした場合には、経理社員や税理士から「明細を出してほしい」といわれます。このとき、支払った金額のみ書いてある請求書だけを出すと、経理社員や税理士は「固定資産」として一括計上してしまうでしょう。

大きな買い物をするときは、必ず見積書などの明細があるはずです。明細を見て可能な限り細かく会計処理をすることで、費用を早く計上することができます。長期的に見たときの総額の費用処理額は変わりませんが、**早期に費用化するということは、直近の納税額を抑えることができるということ**です。資金繰り対策の面から、大きな効果が期待できます。

固定資産を計上する場合の例

車両の取得

固定資産計上	車両本体代金
	パーツなどの付属品
費用処理可能	自動車税・自動車取得税
	検査登録費用
	車庫証明費用
	自賠責保険料

飲食店の内装工事

看板、ネオンサイン	3年
店舗簡易装備	3年
電気設備・照明設備（蓄電池電源設備）	6年
冷房用・暖房用機器	6年
電気冷蔵庫	6年
給排水、衛星設備	15年
金属製の日よけ設備	15年

細かく分類した結果、金額基準により、即時に費用化することができる可能性もある

➡ 早期の費用化は直近の納税額を抑えることができるということであり、資金繰り対策の面で効果が期待できる

ムダをなくすコツ

固定資産はできるだけ細かく計上する

section 08

その小口現金、必要ですか？

ここがムダ

現金出納帳作成

不正のリスク

小口現金とは、郵便代や事務所備品代、出張の際の仮払いなどの日々の細かい支払いのために、会社の金庫などで保管してある手元現金のことを指します。

結論からいうと、**小口現金はないほうがよい**です。手元に現金があるということは、担当者を配置し、現金出納帳を作成し、毎月の残高確認をさせるなどの管理をする必要があるということです。会社の金庫などで保管されているとはいえ、盗難や紛失のリスクがあるどころか、少額がゆえ、横領などの不正に直結しやすいものとなります。

小口現金が必要なケースはほとんどない

今の時代、クレジットカードをもっていない人はいないので、少額の経費は従業員にクレジットカードで立替えておいてもらえばよいでしょう。従業員の口座から引き落とされ

小口現金があるデメリット

①小口現金の管理をする担当者をつけなければならない
②盗難や紛失のリスクがある
③横領等の不正に直結しやすい
④現金出納帳の作成、残高確認などが必要で、手間がかかる

管理が煩雑になる、時間のムダが発生するだけでなく、不正の温床にもなるため、すぐになくしたほうがよい。小口現金を設けるメリットはない

ムダをなくすコツ

小口現金はすぐに廃止する

る前に精算をすれば、従業員の資金繰りを困らせる心配もありません。

従業員に立替えてもらうことに躊躇するのであれば、例えば郵送が大量に発生する場合は料金後納制度を利用したり、事務用品は通販でまとめ買いをしたりすることで、**現金払いをなくすための制度化**をすることができます。

たしかに小口現金として手元に現金を少し置いておくことで、目先の支払いの手間は省くことができます。しかし後々の管理という面も考慮すると、とても非効率な制度です。不正を防止したり時間のムダを排除するためにも、可能な限り小口現金の制度は廃止したほうがよいでしょう。

section
09

法人のクレジットカードを有効活用

ここがムダ

小口現金の管理

振込手数料

小口現金はあるけれど法人のクレジットカードがない、という場合は、小口現金を廃止し、法人のクレジットカードをつくるべきです。法人のクレジットカードは管理面だけでなく、コスト面でもあったほうがよいものです。

法人のクレジットカードをつくるメリット

①管理が圧倒的に楽になる

小口現金がある場合は現金出納帳を、従業員が立替払いをする場合は立替経費精算書を作成する必要があります。一方でクレジットカードの場合は、**クレジットカード会社が利用明細を作成してくれるので、いつ、何に、いくら使ったのかの管理表を別途作成する必要がありません**（領収書は保存しておく必要があります）。

また、プライベート用のクレジットカードと法人のクレジットカードを使い分けることで、公私混同を避けることができます。

さらに、クラウド会計と組み合わせて利用することで、クレジットカード利用明細と会計データを自動連携することができ、経理処理が圧倒的に楽になります。

②資金繰りが改善される

クレジットカードは利用してから支払いまで最低でも1カ月間の猶予があるので、**現金払いよりも資金繰りに余裕が生まれます**。

また公共料金や事務所の家賃、事務用品の購入などを振込で対応している場合には、支払いの都度振込手数料が発生します。これをクレジットカード払いに変更すれば、**振込手数料を削減できる**のです。

なかには年会費が発生するクレジットカードもありますが、振込手数料を1年分積み重ねた金額のほうが高くなる場合がある上、なにより、クレジットカードでの支払いには振込作業すら発生しません。資金繰り改善や作業効率化の観点からも、クレジットカードにはメリットがあります。

③付帯サービスの恩恵を受けることができる

プライベート用のクレジットカードと同様に、法人のクレジットカードにもさまざまな付帯サービスがあります。ポイントが貯まることはもちろん、空港ラウンジやコンシェルジュサービスを利用できたり、海外旅行の際の損害保険がついていたりと、多様な恩恵を受けることができるのです。

④不正防止につながる

経理社員による横領事件は定期的にニュースになっていますが、不正のきっかけは少額な小口現金であることが多いです。

一方、クレジットカードであれば、**誰が・いつ・どこで・いくら使ったかを客観的に把握**することができます。従業員に法人のクレジットカードを渡すことに抵抗があるという気持ちはよくわかります。ただ、クレジットカードであれば利用する都度、足がつくこととなるので、万が一不正に使われていたとしてもその記録を残すことができるのです。あまりにも限度額を高額に設定した法人クレジットカードは渡すべきではないですが、複数の法人クレジットカードを作成しておくと便利でしょう。例えば管理職以上にのみ渡すといった仕組みさえ整えておけば、経理事務効率化だけでなく、不正防止にもつながります。

法人のクレジットカードのメリット

①管理が楽

クラウド会計と組み合わせて利用することで経理処理が大幅に改善されるだけでなく、プライベート用のカードと使い分けることで公私混同を避けることができる

②資金繰りが改善される

後払いとなるため、現金払いに比べて資金繰りにゆとりが生まれる。指定の口座からの自動引落になるため、振込手数料も発生しない

③付帯サービスの恩恵が受けられる

ポイントが貯まる、空港ラウンジやコンシェルジュサービスを利用できる、海外旅行時の損害保険がつくなど、各種付帯サービスを受けることができる

④不正防止につながる

使うたびに利用明細に反映されるため、誰がいつ何に使ったかを把握することができる

万が一不正が発生したら……

クレジットカードはすぐに詳細がわかる

▼

利用明細があるため、不正が記録に残る。不正は少額から、特に小口現金をきっかけに起こることが多いため、小口現金は廃止して法人のクレジットカードを利用するべき

ムダをなくすコツ！

小口現金ではなく法人のクレジットカードを利用

section 10

いまだに通帳記帳をしていませんか？

ここがムダ

通帳のデータ化

銀行に行く時間

ネットバンキングやネット銀行は、今やとても身近な存在になりました。これらのサービスにセキュリティ面で不安をもつ人もいますが、常に最新の状態にアップデートをしたり、セキュリティ対策ソフトをインストールしたり、パスワードの使いまわしをしなかったりなど、ごく当たり前の対策をしておくことで安心して使うことができます。

ネットバンキングやネット銀行を利用することで経理事務を圧倒的に効率化できる上、窓口で振込をするよりも、振込手数料を抑えることができます。

ネット銀行を利用して振込手数料を抑える

ネットバンキングとは、メガバンクを含む都市銀行や地方銀行、信用金庫など、いわゆる通常の銀行での取引をインターネット上で行うことができるサービスです。

ネットバンキングとネット銀行

	ネットバンキング	ネット銀行
概要	通常の銀行での取引をインターネット上で行うことができるサービス（メガバンクを含む都市銀行、地方銀行、信用金庫など）	店舗をもたないネット専業の銀行（楽天銀行、GMOあおぞらネット銀行、住信SBIネット銀行、ソニー銀行など）
基本利用料	月額数千円	無料
振込手数料	ネット銀行に比べると割高	通常の銀行の半額程度

ムダをなくすコツ

特にネット銀行は使い勝手がよく手数料が安い

一方、ネット銀行とは、楽天銀行や住信SBIネット銀行など、リアルな店舗をもたないインターネット専業の銀行を指します。通常の銀行で口座開設ができているのであればネット銀行でもすぐに口座開設ができるでしょう。

ネット銀行の最大のメリットは、**使い勝手のよさと手数料の安さ**にあります。ネット銀行はリアルな店舗をもたないことが前提なので、口座開設をすることができればネット銀行利用手数料はかかりません。さらに振込手数料は通常の銀行の半額程度で設定されていることがほとんどです。

いまだに銀行に行って振込事務を行っている場合は、振込手数料が高いどころか、銀行に行かなければならないというムダな時間も発生します。**支払専用口座としてネット銀行を開設することは、時間とお金のムダを排除するためにも必須**といえます。

通帳記帳は今すぐにやめる

ネットバンキングの契約をしていないと、毎月の入出金は銀行で「通帳記帳」をしない限りは把握できません。

通帳をもって銀行に行き、ATMで記帳をして、戻ってきて通帳のコピーを取って、経理社員や税理士に通帳の情報を送付する。銀行が混雑していなかったとしても、最低でも約1時間を要するでしょう。そこから経理社員や税理士が通帳の情報をデータ化して会計ソフトに反映させるとなると、少なくとも2時間程度は時間がかかってしまいます。

一方、ネットバンキングやネット銀行を利用することで、入出金明細をダウンロードするまでに5分、そのデータを会計ソフトに反映するまでに1時間（クラウド会計を導入していれば自動連携されるので10分）程度と、**スピード感をもって処理**することができます。

さらに、ネットバンキングやネット銀行の場合は、いつでも、どこでも、見たいときに明細を見ることができるので、経理事務を効率化できることはいうまでもありません。

いまだに通帳記帳をしている人はすぐにやめて、ネットバンキングの契約かネット銀行の開設をしましょう。

メインバンクの目が気になる場合

「融資先の金融機関とのつき合いがあるから、ネット銀行を新たに開設して、ネット銀行で支払い事務を行うことに抵抗がある」という人も少なからずいるでしょう。

もちろん融資先の金融機関の口座をまったく使わないことは避けたほうがいいですが、無理にすべての取引をその口座で行う必要もありません。例えば売上代金の入金口座は融資先の金融機関の口座を利用し、支払いはネット銀行から行うという使い分けもできます。

融資先の金融機関の最大の着眼点は「滞りなく返済できていること」であり、「その銀行口座を頻繁に使っているか」ではありません。振込手数料は金融機関にとっての大切な収入源ではあるものの、融資先の口座を必ずしも使わなければならないという制約はどこにもなく（口頭では使ってくださいと言われますが）、振込手数料が高いことや、ネットバンキングの使い勝手が悪いというのは、金融機関側の努力不足が原因です。

自社のムダ遣いを削減することは融資を受けている金融機関にとっても悪い話ではないので、**自社のムダ遣い削減・効率化を図ることを優先**させましょう。

ネットバンキングを契約するメリット

ネットバンキングを利用しない場合との比較

	ネットバンキングあり	ネットバンキングなし
①入出金の把握	ネットバンキングにログインする	銀行ATMで記帳をする
②入出金データの作成	ダウンロードボタンを押す	通帳の日付・金額・内容を入力してデータ化をする
③会計帳簿の作成	クラウド会計を利用している場合は明細が自動連携される	データ化した情報を会計ソフトに反映させる
入出金明細の把握	いつでも	銀行で記帳したとき
①〜③までの所要時間	**最短10分**	最短2時間

メインバンクとの使い分け例

メインバンク（融資先の銀行）
- 融資の返済口座
- 売上代金の入金

サブバンク（ネット銀行）
- **各種支払い**
（月に一度メインバンクから資金移動を行う）

- 毎月の経理事務に要する時間を圧倒的に短くできる
- 毎月の振込手数料を半減させることができる

ムダをなくすコツ!

ネットバンキングは経理事務を効率化できる

section 11

経理担当者を増やそうとしていませんか？

ここがムダ

- 採用コスト
- 教育コスト

小さな会社の経理業務は、現預金の入出金管理や残高照合、振込事務、債権債務の管理、在庫管理、給与計算や経費精算、税金の納付や会計帳簿の作成など、多岐にわたります。会社の規模が大きくなるにつれて、「経理担当の人数を増やそう」とも考えるでしょう。

ただし、これらの業務をすべて完結させることができる経理社員は「かなり優秀な経理社員」であり、このような人材を採用するためにはそれなりのコストがかかります。

簿記の資格をもっていれば経理はできる、と思う人もいますが、そうとは限りません。もちろん簿記の知識は必要となってくるものの、経理は実務経験がものをいう仕事であるため、そう簡単には採用できないのです。そのため、**経理社員を雇用する前に、一度経理アウトソーシングを検討**してみましょう。

経理事務を効率化させるためには「仕組み」をつくることが必須です。経理アウトソー

月給20万円の経理社員を雇用する場合

・月給：20万円
・社会保険料会社負担：月給の10%程度
・採用コスト：広告掲載料、人材紹介手数料
・教育コスト：教育をする社員の給料、外部研修費

月給以外にもコストが発生する上、自社内で経理体制を構築するための稼働が必要

➡ **小さな会社の経理業務はアウトソーシングしたほうがコストを抑えられるケースが多い**

ムダをなくすコツ！

経理体制の整備にはアウトソーシングを活用する

シングを請け負っている会社であればすでにその会社で仕組みができあがっているので、それに便乗すればよいだけとなります。社内で仕組み化を図るためには、自社に経理に関する知見をもっている人材がいることが大前提となります。しかし大抵の会社の場合は、自社内に経理のノウハウをもっている人材はいません。

アウトソーシングを活用する

経理社員の雇用は社内の経理体制が整備できてからでも遅くなく、小さな会社の場合は**経理をアウトソースすることでコストが抑えられる**ことが多いです。本業に集中するためにも、経理アウトソーシングを積極的に活用しましょう。

section 12

その保険、本当に必要ですか？

ここがムダ ✕

節税目的の保険

解約返戻金

まず、**保険はあくまで保険であり、基本的には法人の節税策になりません。**これまで節税だけを目的とした支払いはすべてムダ遣いに直結すると話してきましたが、これは法人の保険にもいえることです。なぜ、何のためにその保険に入っているのか（入ろうとしているのか）を、このタイミングで考えてみましょう。

何のために法人保険に加入するのか？

法人が加入する保険は大きく分けて2つ、生命保険と損害保険があります。経営者や従業員に万が一のことがあったときに備えるのが生命保険、火災や地震などの自然災害や自動車事故、盗難などの偶然のリスクに備えるのが損害保険です。

ビジネスを遂行する上でリスクはつきものなので、**リスクに備えて適切な保険に加入す**

保険に加入して備えるもの

経営者の万が一	・経営者の死亡や就業不能（融資の打ち切りや取引先からの契約解除も想定される） ・経営者の死亡による遺産分割資金
従業員の万が一	・会社として従業員の死亡退職金の支払い ・従業員の遺族に支払う保険金や給付金
災害や事故など	・火災や地震などの災害があったときの損害の補填

ムダをなくすコツ！

加入目的を考えムダな保険には加入しない

ることはリスク管理の面では重要です。

　例えば従業員が社用車で営業をする場合の自動車保険は、リスク管理のためのコストとしては必須といえます。自動車事故は残念ながら毎日のように発生しているので、従業員が業務中に社用車で死亡事故を起こしてしまう可能性もあります。従業員が業務中に起こした事故に関しては、当然、会社としても使用者責任が追及されるので、多額の損害賠償などに備えて自動車保険に加入することは必要です。

　一方で生命保険に目を向けると、経営者に万が一のことがあった場合に備えるものや、従業員の福利厚生プランとして加入するものがあります。

①経営者の万が一に備えるもの

小さな会社の場合、経営者に万が一のことがあると、融資を打ち切られることや、取引先から契約解除を迫られたりするケースも存在します。また、オーナー会社の場合、自社株をめぐる相続トラブルも想定され、場合によっては自社株の後継者が多額の納税資金をすぐに用意しなければならない可能性もあるので、これらのリスクに備えて生命保険に加入することもリスク管理の1つです。

②従業員の福利厚生のためのもの

従業員に万が一のことがあった場合には、死亡退職金として多額の資金が必要となるケースがあります。また、会社として従業員のための生命保険プランに加入していると従業員の遺族に保険金や給付金を支給することができるので、従業員の長期雇用のために福利厚生プランとして法人保険に加入することもあります。

このように、**法人保険は「何かあったときのために備えるもの」というリスク管理から加入すべきもの**です。保険は節税商品ではないのです。

節税だけを目的とした保険はムダ

例えば、想定以上の利益が出てしまい、今期の税金を何としてでも抑えたくなったとします。そこで多額の生命保険に加入して保険料の支払いをした場合、どうなるでしょうか。今年支払った保険料は、基本的には来年以降も支払い続ける必要があります。また、一度契約した保険を短期で解約した場合、解約返戻金が下がり損をすることがほとんどです。**目先の税金を逃れたいという理由から支払う保険料は、資金繰りを困窮させるだけではなく、長い目で見たときに損をする**可能性もあります。

- 節税だけを目的として法人保険へ加入はしない
- 保険を節税商品として紹介してくる代理店とはつき合わない
- 高額な保険料が発生する商品を勧めてくる代理店とはつき合わない
- 保険のメリットだけを書いているネット記事は鵜呑みにしない

このような対策が、ムダな法人保険に加入しないためのリスク管理といえます。

section 13

すべての売掛金を把握できていますか？

ここがムダ

入金のない売上

債権回収費用

会社の売上は、入金があってはじめて意味があるものとなります。実際に商品を売ったりサービスを提供したりして、請求書を送ったとしても、その入金がなければ何も意味がありません。**入金のない売上は、その売上を獲得するために要したコストや時間のすべてをムダにします。**

資金繰りに困っている取引先は「支払先の選別」をしている

あなたの会社が資金繰りに困窮していて、月末に支払うべきもののすべての支払いをすることができなくなったとしましょう。

まず、今月末にいくら支払わなければならないかをリストアップします。そして「この仕入先は重要な取引先だから優先して支払おう」「ここは前回支払いが遅れても何もいっ

売上から入金までの体制

❶売上台帳を作成する
❷請求書を発行する都度、売上台帳に記入
❸入金予定日に入金確認をし、未入金の相手先には即日督促を行う

請求日	相手先	請求内容	請求金額	入金予定日	入金日
8月31日	○○株式会社	商品A販売代金	500,000円	9月30日	9月30日
8月31日	××株式会社	商品B販売代金	1,000,000円	9月30日	
8月31日	△△株式会社	商品C販売代金	800,000円	9月30日	9月30日

ムダをなくすコツ

自社の未回収債権を常に把握する

てこなかったな」「ここはうるさくいってくるから先に支払いを済ませよう」と、必ずといっていいほど支払先に優先順位をつけるのではないでしょうか。

自社が相手先にとって重要な取引先である、つまり優先的に支払いを行うべき取引先であると認識してもらうに越したことはありませんが、こちら側でコントロールすることは難しいでしょう。

そうであれば「すぐに督促してくる会社」と認識されるだけでも、優先順位は上がってきます。

すぐに督促できる体制を整備するためには、**今いくらの債権があり、いくらの未回収債権があるのかを把握できている**必要があります。上の図のような売上台帳

を請求する都度作成し、入金予定日には必ず入金確認をし、入金がなければ一度連絡をしてみるという体制をつくることが、優先的な支払先に選ばれるために必要です。

相当期間入金のない債権は回収が難しい

連鎖倒産という言葉があるように、取引先の倒産に相次いでほかの会社も倒産してしまうケースがあります。商品の仕入代金を支払って取引先に販売をしたが、販売代金が入金されない。こんな状況が続くと会社の資金繰りは困窮し、倒産に向かっていくでしょう。

売上債権には時効があるので、回収できていない債権を放置すると時効によって債権が法的に消滅してしまうこともあります。また、長期的に回収できていない債権を回収するためには、弁護士に依頼したり訴訟をしたりと手間もコストもかかるため、最終的に泣き寝入りしてしまうケースもあるでしょう。

売上代金を回収できなければ、何もかもムダになります。請求書を送付して満足するのではなく、**入金確認を徹底し、入金予定日が過ぎても入金がない取引先には即日督促**しましょう。これが、不良債権を生み出さないために会社としてできるコストがかからない対策となります。

債権回収は難しい

- 未入金であることの督促
- 裁判所による支払い督促
- 内容証明郵便の送付
- 訴訟（少額訴訟）
- 民事調停
- 仮差押、仮処分

債権回収のためにここまで動いたとしても、相手先に財産がなければ、債権回収はできない

債権回収のための弁護士費用の例

相談料	1時間5,000円～（無料の場合もある）
着手金	50,000円～
成功報酬	債権額の10％～
実費	収入印紙や交通費など

手間もコストもかかってしまう

↓

債権回収にかかる費用が債権額を超えてしまう場合もあり、泣き寝入りするほかない

押さえておくべきポイント

売上代金を回収できない場合、これまでの業務の何もかもがムダになる

ムダをなくすコツ!

徹底した入金確認を行い不良債権を生み出さない

section 14

会社の設備はすべて稼働していますか？

ここがムダ ×

償却資産税

保管コスト

飲食業や製造業、多店舗展開している小売業等の場合、多くの減価償却資産を保有しています。減価償却資産とは、建物や設備、機械や備品、ソフトウェアのうち、取得金額が概ね30万円を超えるようなものを指し、通常は固定資産台帳という帳簿（資産リスト）で管理されています。

「固定資産台帳なんか見たことがない」という人もいるでしょうが、減価償却資産を有している会社であれば必ず作成しているものなので、まずは経理社員や税理士に聞いてみましょう。

この固定資産台帳を定期的に見直し、**使っている資産と使っていない資産を明確に把握する**ことがムダ遣い削減につながります。

存在しない資産が台帳に登録されているムダ

固定資産台帳は、放っておくと使っていない資産もずっと登録され続けてしまいます。使っていないにもかかわらず固定資産台帳に残ったままだと、費用化に時間がかかったり、償却資産税の課税対象となってしまったりと、ムダな税金を払うことになります。そのため、償却資産税の基準となる1月1日の前（12月末まで）と決算期末の直前の年2回、固定資産台帳を確認し、**使っていない資産があれば除却処理をする**ようにしましょう。

また、除却処理をするためには「除却したことを証明」しなければなりません。産廃業者に処分を依頼した場合には廃棄証明をもらったり、処分をしなくとも今後使わないことが明らかな場合は「不使用に至った経緯説明資料」や「実際に使っていないことを証明する写真」などを用意したり、除却したことを証明できる準備をしておきましょう。

固定資産の除却処理は、税金対策だけではなく、保管コストの削減にもなります。使っていないものを放置しておくだけでもスペースが必要です。除却処理を行うことで空いたスペースをほかのことに活用したり、家賃を抑えた別のところへ引っ越したりすることも可能です。不要なモノを抱えていると、それなりに保管コストもかかります。使っていないものは処分し、ムダなコストを削減しましょう。

固定資産台帳の見直し

3月決算の場合

2020年4月

見直し①
2020年12月

見直し②
2021年3月

①償却資産税対策

償却資産税：毎年1月1日の固定資産台帳に登録されているものに対して課税される

12月末に固定資産台帳を見直し、使っていない資産の除却処理を行うことで、償却資産税を軽減させることができる

②法人税対策

事業年度末で使用していない資産は、残存簿価を費用処理することができる

決算月の3月末に固定資産台帳を見直し、使っていない資産の除却処理を行うことで、早期に費用化できる

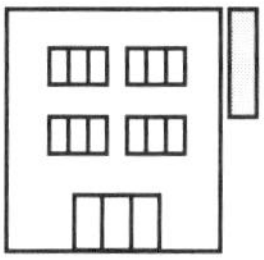

固定資産台帳に登録されている資産は除却処理を行わない限り継続的に登録され続ける。費用化に時間がかかったり、償却資産税の課税対象となってしまったり、結果としてムダな税金を払うことになる

ムダをなくすコツ！

年に2回除却処理を行う

除却処理の際の注意

①実際に処分した場合

- 産廃業者から廃棄証明を受け取る

②実際の処分をせずに除却処理する場合

- なぜ使わなくなったのかの経緯や理由を説明する資料を作成する
- 実際にその資産を使っていないということを証明する写真を撮影する（電源コードを切断した写真など）

➡ **①と②はどちらも客観的証明。これらがないと税務調査で除却処理を否認されてしまう可能性があるため、「除却したこと」を証明するための書類を用意する**

押さえておくべきポイント

固定資産台帳から除外しただけでは除却したことの証明にならない

除却処理を行うと……

保管コストの削減にもなる

▼

使用しなくなった資産を処分することで、空いたスペースをほかのことに活用する、家賃を抑えるために別の物件に引っ越すなども可能。除却処理は税金対策以外にも有効な措置といえる

ムダをなくすコツ！

不要な資産を処分することで保管コストを削減

section 15

役員貸付金が増えていませんか？

ここがムダ

役員貸付金

追加の税金

3章の最後に、ムダの温床といってもいい「役員貸付金」を紹介します。「役員貸付金があると金融機関から睨まれる」と聞いたことがある人もいるかもしれませんが、金融機関への対策を差し引いて考えても、役員貸付金があって得をすることは1つもありません。**多額の役員貸付金を解消させることには膨大な時間と労力が必要**となります。

役員貸付金のデメリット

役員貸付金にはメリットが1つもなく、デメリットしかありません。

役員貸付金とは会社が役員に対して貸付をしている状態、すなわち役員が会社からお金を借りている状態です。解消させるためには、役員から会社に対して返済が実施される必要があります。

役員貸付金のデメリット

会社からお金が流出し続けている

役員貸付金は役員の「ムダ遣い」によって発生している。ムダは積極的に削減する

法人税負担が増える

役員に対して貸付をしている場合、法人は貸付金に対応する利息を収入として計上しなければならない

役員賞与認定される可能性がある

債権放棄をしたり長期間返済がない役員貸付金は「役員に対する賞与」と認定され、会社の経費にならなくなる

とにかく金融機関からの印象が悪い

金融機関が融資を渋る最大の理由は役員貸付金の存在。「会社がこの貸付金を回収すれば資金は増えるのでは？」と指摘されるケースもある

相続人に引き継がれる

役員貸付金は「役員個人が会社にしている借金」であり、役員に万が一のことがあったときに相続人に引き継がれてしまう

ムダをなくすコツ

役員貸付金のメリットはまったくないと理解する

役員貸付金を解消させたいと思う時期は「金融機関から指摘されたとき」となりますが、金融機関から指摘されるということは、「融資審査中」か「融資を受けた後に決算書を提出したタイミング」かのいずれかでしょう。

多額に役員貸付金があると高確率で融資がおりません。また、すでに融資を受けた後であっても、急激に役員貸付金が増加している場合や、改善の余地がないと判断される場合は一括返済を求められてしまう可能性すらあります。

役員貸付金は急に発生するものではありません。徐々に増加してしまうものです。そして解消させるためには時間もかかる上、場合によっては追加で税金を納める必要すら出てきます。もし役員に万が一のことがあったときには当然役員貸付金も相続されるので、相続人が苦労することも十分に想定されます。

役員貸付金は、何となく会社の口座からお金を引き出したときや、私的経費を会社口座から支払った場合に発生します。役員貸付金が発生している会社の経営者は「なぜ役員貸付金が発生したかわからない」ということが多いですが、理論的には**不明出金や公私混同以外では役員貸付金は発生し得ない**のです。

役員貸付金は百害あって一利なし。会社のためにも、将来の相続人のためにも、役員貸付金を発生させることは避けましょう。

役員貸付金を解消させる方法

役員から会社に返済を行う

個人で一括返済できるような金額ではないことが多い

滞りなく返済されるとは考えにくく、現実的な方法ではない

役員報酬を増額し一部を返済に充てる

役員貸付金を徐々に減らしていくための方法

役員報酬の増額に伴い、所得税・住民税・社会保険料負担が増加する

会社が債権放棄をする

会社が債権放棄をすれば役員貸付金はなくなる

債権放棄は「役員賞与」として認定され、個人所得税・住民税などの課税対象になる

個人資産を会社に売却する

個人の資産を売却して売却代金を返済に充てる方法

役員個人側に売却代金の入金はされないものの、譲渡所得税の対象となる

いずれの方法も現実的でなかったり、ほかの税金が追加で発生したりして、役員貸付金の解消には至らない

➡ **役員貸付金を全額返済するか税金を多く支払うかしないと解消することはない**

ムダをなくすコツ

解消が困難なため役員貸付金は発生させない

第4章

経理部門の効率もアップ！
電子化で経理コストを
削減する方法

section
01

書類探しは経理コストがムダにかかっている

ここがムダ ✕

書類探し

人件費

１日のうちに会社で書類を探している時間は20分。

これは、文房具の製造・販売などを手掛けるコクヨ株式会社の２０１７年の調査結果です。

１日20分ということは、１年間で80時間もの時間を書類探しの時間にかけていることとなります。これを金額に換算すると、例えば経理社員（正社員）の年収が４００万円の場合、**１人あたり年間で16万円もの人件費が「書類探し」のためのコストとして会社から流出している**ことになるのです。

今ある書類をすべて電子化することができたらどうなるか

①データを「検索」することができるようになる

書類を探すことに１人あたり１日20分かかる、ということは、税理士としての私の実体

書類探しにかかっている時間

・1日：20分
・1カ月（20日）：6時間半
・1年（240日）：80時間

経理社員（正社員）
平均年収を400万円と仮定して、
400万÷240日÷8時間＝時給2,083円

↓

1年間で、1人あたり16万円（2,083円×80時間＝166,640円）程度の人件費が、書類探しのためのコストとして流出している

ムダをなくすコツ

データ化すれば書類探しの必要がなくなる

験からも十分納得ができる時間です。

　私が顧問先を訪問したとき、経理担当者に「この支払いの請求書を出してください」というと、どんなに早くても請求書が出てくるまでに3分ぐらいはかかります。比較的金額の大きな請求書であれば、記憶とリンクしてすぐに保管場所を思い出せるでしょう。ただし、例えば7年前の特定の領収書を依頼した場合、3分で見つけることができる社員はほとんどいないと思います。

　一方、これらの紙書類がデータ化されていた場合はどうでしょうか。もちろん保存場所がある程度整理されているなどの条件は必要ですが、「検索」すればすぐに見つかります。また、ある程度ルー

ル化されていれば、「○○さん、この資料どこですか？」と聞く必要すらなく、自分で検索すればすぐに見つけることができるでしょう。

②データを「いつでも、どこでも」見ることができる

紙の原本は保管した場所以外には存在しません。「そこにしか存在しない」という書類の信頼性を担保することはできるかもしれませんが、「そこでしか見ることができない」という弊害もあります。

経理部はリモートワークができない、という話はよく耳にしますが、会社に保管された紙を見て業務をする運用であれば、それもそのはずです。

必要書類が電子化（データ化）されていることで、パソコンさえあればどこでも閲覧可能になります。**いつでも、どこでも、経理業務を進めることができる**のです。

③データのバックアップを取ることができる

紙は、紛失したらもう二度とその情報を見ることができません。一方、データはバックアップを取ることができるので、万が一削除してしまった場合でも、データを復元できます。日本で会社経営をする以上、自然災害のリスクはつきものです。**電子化をしてデータ**

書類をデータ化するメリット

①検索できる

書類探しの時間を削減

②「いつでも、どこでも」見ることができる

リモートワークが実現

③バックアップを取ることができる

紛失や災害リスクに備える

ムダをなくすコツ

利益を生まない書類探しの時間を削減

のバックアップを取ることは、災害リスク対策の1つといえるでしょう。

日本の会社で紙文化が根強い理由は、「なんだかんだ紙があったほうが便利」という思想があるからだと思います。1枚の紙にまとめた資料であれば、パッと見たときに全体像を把握しやすいという利点は確かにあるでしょう。

ただ、すべての資料を「紙」で保管しておく必要はありません。書類探しの時間が会社の利益を生むことはまずありませんし、書類探しに時間を使いたいという人は誰もいないでしょう。

ムダな時間をなくすだけではなく、新しい働き方に対応するためにも、書類の電子化は必須といえます。

section 02

「紙」の存在で余計に発生するコスト

ここがムダ

印刷コスト

保管コスト

経理業務に根強い「紙」文化。確かに金額をチェックしたり、内容を確認したりするときに、紙があると便利な場面もあります。

一方で**「紙」があることは、ムダな時間やムダなコストを発生させる要因ともなる**のです。前節ではムダな時間に焦点を当てて紹介しましたが、ここでは「紙」の存在により余計に発生するコストに着目して見てみましょう。

紙があることで発生するコスト

紙文化の継続により経理業務が非効率になることが最大の悪ですが、意外と発生してしまうものが、「紙」にまつわるコストです。もちろん「紙」そのものを購入するコストも少なからず発生しますが、それ以外にも、例えば次のようなコストが想定されます。

①印刷コスト

複合機のリース料、印刷枚数などに応じて発生するカウンター料金、トナー・インク代などが印刷コストの代表的なものです。これらを削減しようとしたとき、両面印刷や2in 1の印刷を推奨するなど、できるだけ消費量を減らす方向で検討しがちですが、それでは根本的な解決にはなりません。

そもそも、**「紙」での運用がなくなれば印刷コストはまったく発生しない**のです。消費量削減方法ではなく、ペーパーレス化での運用方法を模索したほうが、より多くのコストカットを実現できます。

②保管コスト

印刷した紙を保管するためには、ファイリングをした資料を保管するキャビネットが必要です。また、経理社員は紙を見るために毎日出社することとなるので、経理社員の専用デスクや事務所のスペースも必要となります。

③郵送コスト

1つひとつが少額のため、毎月いくらの郵送料が発生しているかを把握すらしていない人もいるかもしれませんが、配送コストは徐々に値上がりしています。

④人件費

前節でも紹介したように、書類探しの時間は意外とかかります。また、書類を保管するためには、書類を印刷し、目次をつけて、穴をあけ、ファイリングして保管するという手間もかかります。

印刷コスト・保管コスト・郵送コストのみならず、これらの行為を行うことによるコストもかかります。**人件費を「見える化」させることは難しいですが、必ず誰かの時間を犠牲にし、それに対する人件費が発生している**のです。

小さな会社の場合、取引先の大企業から「契約書や請求書・見積書は紙で郵送してください」といわれたらそれに従うしかなく、こちらの都合ですべてをペーパーレス化することができないという事情もあるでしょう。

ただ、**すべてとはいわず、半分でも電子化の実現ができれば、「紙にまつわるムダなコスト」を半減させることができる**のです。

「紙」があることで発生するコスト

①印刷コスト

- 複合機リース料
- 印刷枚数に応じて発生するカウンター料金
- トナー、インク代

②保管コスト

- 印刷した「紙」を保管するファイルやキャビネット
- 「紙」があることで出社を余儀なくされる社員のための専用デスク
- 経理部のための事務所スペース

③郵送コスト

- 徐々に値上がりしている郵送・配送料金

④人件費

- 紙を印刷、スキャン、FAXするための人件費
- 書類を探すための人件費
- 紙をファイリング、保管するための人件費

印刷する、書類を探す、ファイリングする、などの業務を行っている間も、人件費としてムダなコストが発生している

➡ 誰かの時間を犠牲にしているときには、必ず人件費が生じる

ムダをなくすコツ！

紙でのやり取りが半減すればコストも半減する

section 03

コストをかけずに電子化（効率化）する

ここがムダ

業務の属人化

紙の文化

「経理業務の効率化」と聞くと、一大イベントのように思えるかもしれません。業務改善のコンサルを入れて社内ルールを整備し、多額のシステムを導入して経理業務を効率化する。そんなイメージをもつ人もいますが、決してそんなことはありません。

むしろ**小さな会社の場合は、いかにコストをかけずに効率化（電子化）をするかがポイント**となります。

また、経理業務に携わったことのない人の場合、効率化を実行してもどの程度の効果があるか想像ができず、多少のコストをかけることもためらうことがあります。さらに、長年経理に携わった経理社員のなかには、これまでのやり方から大きく変わることを毛嫌いする人もいるでしょう。

ただし、経理業務は経営の意思決定上必須となる「会計帳簿」の作成の根幹を担ってい

経理業務の課題

①業務が属人化しやすい

- 専門性が高い業務であるため、特定の社員に業務が偏りやすく、業務自体がブラックボックス化してしまう
- 属人化したままにすると、業務の非効率化を放置したままにせざるを得なくなる

②業務スピードが遅くなりがち

- 処理誤りが会社の損失に直結してしまうため、慎重になりすぎるあまり、スピード感が欠如する
- 期日が厳しい支払い業務などを優先するあまり、明確な期日がない会計処理はついつい後回しになってしまう

③紙の文化が根強い

- 経理社員だけテレワークが実現しない傾向がある

課題の改善に必要なのは経理業務を「見える化」すること

➡ **「見える化」のための第一歩として、できるところから電子化する**

電子化に多額のシステムなどは必要ない。特に小さな会社の場合は、「いかにコストをかけずに電子化できるか」が重要

押さえておくべきポイント

経理業務の効率化は会社の成長に欠かせない

ムダをなくすコツ！

会社全体のためにも経理業務を電子化する

るのです。

経理業務の効率化は会社のムダをなくすためだけではなく、会社を成長させるために欠かせないものであるといえます。

あまりコストのかからないものから電子化を導入する

本書では、次ページ以降で8つの電子化例を紹介します。いずれも経理業務の根幹をなすものではあるものの、導入にそこまでコストがかからないものばかりです。

特に最初に紹介する**クラウド会計の導入は、ほかの電子化と組み合わせることでかなりの工数削減を実現させる**ことができます。それだけではなく、会計数値を見える化することにより、リアルタイムでのムダの発見にも役立ちます。

社内に経理社員を配置している場合、既存業務との兼ね合いも考慮しましょう。一気に導入すると経理社員の業務負荷が増し、反発がある場合も想定されます。徐々に着手したほうが、運用面でもうまくいくことでしょう。

導入していないものがあれば、ぜひ、手軽に導入できるものから順に電子化に着手してみてください。

電子化の導入

本書で紹介する経理業務電子化の例

	項目	コスト	ページ	手軽さ
①	クラウド会計	月2,000円～	152ページ	◎
②	ネット銀行	月0円～5,000円	156ページ	◎
③	クラウド請求書サービス	月1,000円～	158ページ	○
④	契約書の電子化	0円～	162ページ	○
⑤	給与明細の電子化	—	166ページ	○
⑥	年末調整の電子化	—	170ページ	△
⑦	申告・納税の電子化	—	174ページ	◎
⑧	経費精算をなくす	年会費0円～	178ページ	○

経理社員を配置している場合……

既存業務との兼ね合いを考える

▼

電子化の導入を一気に進めてしまうと、経理社員の業務負荷の増加につながる上、社員からの反発があることも想定される。運用に慣れていくという観点からも、徐々に着手していくとよい

ムダをなくすコツ！

コストのかからないものから導入する

section 04

電子化の例①

クラウド会計を導入する

ここがムダ ✕

経理業務の工数

会計処理の手間

税理士として新しく契約をするお客様に現在使っている会計ソフトを確認すると、「税理士にお願いしているので、何を使っているかわからない」といわれることが多々あります。**会計ソフトは、経理業務におけるムダの削減の根幹をなすもの**といっても過言ではありません。会計ソフトは税理士のためにあるのではなく、会社のためにあるものなので、自社でこだわりをもって会計ソフトを選定しましょう。

インストール型？　クラウド型？

会計ソフトにはインストール型とクラウド型がありますが、自社で導入するのであればクラウド型が圧倒的におすすめです。契約するプランや利用者数・会社規模にもよりますが、小さな会社の場合は、月額５０００円程度でひと通りの機能が備わったクラウド会計

会計ソフトの種類

会計ソフト ＞ 日々の記帳や決算書をつくるためのソフトウェアのことで、ムダの削減には欠かせない。インストール型とクラウド型の2つの種類がある

インストール型とクラウド型の比較

	インストール型	クラウド型
導入コスト	高い	不要
月額利用料	不要	必要
自社サーバー	必要	不要
アップデート	必要（追加購入）	不要
使えるPC	インストールしたPCのみ	どれでも
PC交換時	手間がかかる	手間なし
Mac利用	不可が多い	可
通信環境	不要	必要

サーバーの契約やソフトウェアのアップデートが不要なため、クラウド会計がおすすめ
（例：マネーフォワードクラウド会計、freee、弥生会計オンラインなど）

・小さな会社の場合、年間3万円～6万円程度でクラウド会計を利用することができる
・ネットバンキングやクレジットカードと連携できるなどのメリットもある

ムダをなくすコツ！

会計ソフトは会社のためにあるツール

を利用することができます。またインストール型とは異なり、ネット環境があればどのパソコンからでも利用することができたり、法改正の都度アップデート版を購入する必要がなかったり、クラウド上でデータが保存されるため別途サーバーの契約が必要なかったりと、ソフトの管理面で圧倒的に楽といえます。**小さな会社が会計ソフトを導入する場合は、クラウド会計一択**といってもいいでしょう。

クラウド会計のメリット

ムダ遣い削減のためには、定期的な数字の振り返りが欠かせません。クラウド会計は、**ネット環境さえあればいつでもどこでも会計数字を確認できる**ことが最大のメリットです。

また、ネットバンキングやクレジットカードとの自動連携機能を駆使することで、これらの明細をクラウド会計ソフト上で確認することができる点も魅力といえます。預金口座の入出金明細やクレジットカードの利用状況をほぼリアルタイムで把握できるだけでなく、自動連携されたこれらのデータを活かし、経理業務にかけていた工数を圧倒的に削減することもできます。

電子化により経理コストを削減したいのであれば、まずはクラウド会計を導入するところから始めましょう。

クラウド会計導入のメリット

①リアルタイムで業績の確認ができる

ネット環境さえあれば、いつでも業績を確認することができる。わざわざ経理社員や税理士に「○月分の数字を出してほしい」と依頼する必要がない

②経理作業が圧倒的に楽になる

さまざまな「自動連携機能」を駆使することで、クラウド会計上で一元管理ができる

ネットバンキング	自動連携しておくことで、クラウド会計上で日々の入出金明細を確認することができる。複数の口座にも対応可能
クレジットカード	ほぼリアルタイムで利用明細を確認することができる。複数枚のクレジットカードにも対応可能
その他	請求書・経費精算・給与などの各種システムと自動連携させることで、ほぼ自動で会計処理を完結することができる

自動連携されたデータを
活かすことで、経理業務にかけていた
工数を大幅に削減することも可能に！

ムダをなくすコツ！

クラウド会計の導入が電子化の第一歩

section 05

電子化の例②

ネット銀行を利用する

ネット銀行の利用は、通帳記帳の省略、手数料の削減といったメリットを生みます（116ページ参照）が、実は未回収債権の防止にも役立ちます。**売上債権の入金予定日に入金があったかどうかを確認でき、入金がない取引先に対してすぐに連絡ができる体制が整うため**です。経理社員にネットバンキング・ネット銀行のログインパスワードを教えることに抵抗がある人は、入出金明細の閲覧のみの権限を付与する機能を使うとよいでしょう。

もちろん、ネットバンキングやネット銀行を利用する際には、セキュリティ対策が必須です。フィッシングメールは開かない、パスワードは使い回さない、Free-Wi-Fiに接続しない、OSやアプリは常に最新の状態にアップデートする、などが対策として挙げられます。それでも不正送金被害が発生した場合は、すぐに金融機関に報告しましょう。金融機関や警察などの調査に協力することで、不正送金被害相当額は補償されます。

ここがムダ ×

通帳記帳

データ化の業務

ネット銀行やネットバンキングの導入

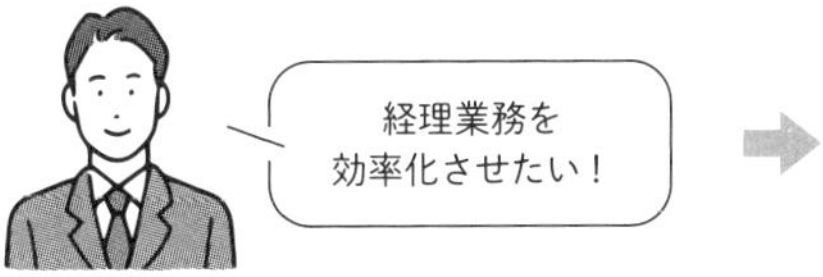

**まずはクラウド会計と
ネットバンキング・
ネット銀行の
導入に着手する**

2つのサービスを導入することのメリット

①明細のダウンロードが不要	通帳記帳どころか入出金明細のデータのダウンロードも不要になる。クラウド会計で自動連携してくれるので、連携されたデータを基に会計処理をするだけ
②振込手数料や手間の削減	銀行窓口よりも振込手数料が安い。また、ネットバンキングで支払いをして、支払いの都度クラウド会計で会計処理をすれば、圧倒的な経理業務の効率化につながる
③ネットバンキングの機能を利用した効率化	金融機関によっては、入金の都度メールで通知が送られてくる機能や、利用者ごとに権限付与設定をする機能も備わっている。これを駆使すると、経理業務の分業による効率化が可能になる

フィッシングメールを開かない、パスワードの使い回しをしない、Free-Wi-Fiに接続しない、OSやアプリは常に最新の状態にアップデートするなど、セキュリティ対策も怠らない

ムダをなくすコツ！

経理業務の効率化にネット銀行は欠かせない

section
06

電子化の例③

クラウド請求書サービスを利用する

ここがムダ×

Excelの請求書

Wordの請求書

今の時代、手書きで請求書を作成している人はほとんどいませんが、ExcelやWordで請求書を作成している人は多いのではないでしょうか。

請求先が少ないうちは、ExcelやWordで請求書をつくってPDFにしてメールを送るといった作業も苦ではありません。ただ、**毎月10件以上請求書を送っている場合は、クラウド請求書サービスの利用を検討**しましょう。

クラウド請求書サービスの3つのメリット

請求書の作成は基本的には毎月発生します。また、請求書は作成し、取引先に送付して終わりではなく、その後の工程として「会計処理」と「入金確認」という作業がセットでついてきます。

クラウド請求書サービスのメリット

①作成作業を効率化できる

・ネット環境さえあればいつでも、どこでも作成可能
・毎月定額請求している取引先には自動発行機能を利用
・郵送やメール送信はワンクリックで完了

➡ **請求書の作成から取引先への送信まで、ほぼ自動で行われる**

②債権管理を効率化できる

・売上台帳の別途作成が不要
・請求先の一覧表示ができるので、債権管理が簡単
・未回収債権の発生防止に活用

③会計ソフトと連携できる

・クラウド会計との互換性が高いため、自動仕訳生成が可能
・請求書作成の都度、会計仕訳の作成といった経理業務の効率化が実現

押さえておくべきポイント

クラウド請求書サービスは「会計処理」と「入金確認」を効率化できる

ムダをなくすコツ！

ExcelやWordでの請求書作成をやめる

確かに少量の請求書を作成して送付するだけでは、ExcelやWordを利用してもそこまで苦痛ではないでしょう。しかしその後の工程を考えると、クラウド請求書サービスを利用したほうが圧倒的に経理業務を効率化することができます。

①作成作業の効率化

ネット環境さえあればいつでも、どこでも作成できることはもちろん、ExcelやWordよりも圧倒的に効率化を図ることができる機能が「自動作成機能」と「自動送信機能」です。ExcelやWordでは、取引先ごとのファイルを開き、日付や金額を変更、ＰＤＦにしてメール文面を作成し送信、といった過程が必要となりますが、**自動作成・送信機能を利用することで、請求書の作成から取引先への送信までがほぼ自動で行われます。**

②債権管理の効率化

ExcelやWordで請求書を作成している場合は、売上台帳を作成し毎月の売上金額の確認や債権管理をする必要があります。一方、クラウド請求書サービスを利用すると、これらの**台帳を請求書作成と同時に生成することができる**のです。また、入金管理機能を駆使することでリアルタイムでの入金確認も可能となり、未回収債権の発生防止に役立ちます。

クラウド会計との一体型を利用するメリット

初期導入コストがかからない	月額5,000円程度でクラウド会計も利用可能
請求書の自動作成機能などの利用も可能	郵送代行は1通150円からと安価

請求書作成から会計処理まで自動化した運用も可能で、「マネーフォワード」や「freee」の利用がおすすめ！

ムダをなくすコツ！

会計ソフトと連携して請求書作成をより簡単に

③会計ソフトとの連携

小さな会社の場合、クラウド会計ソフトとほぼ一体型として利用できるサービスである「マネーフォワード」や「freee」の利用をおすすめします。作成した請求書が会計ソフトと自動連携されるので、**請求書の作成から会計処理までの一連の流れを自動化する運用も可能**となります。

そして、何よりのメリットは導入コストが安いことです。クラウド会計機能も含まれたプランの場合は、月額５０００円程度で利用することができます。ExcelやWordでの請求書作成には、５０００円以上の事務作業コストが発生していることが多いです。

section
07

電子化の例④

契約書を電子化する

ここがムダ

「書面」での契約

印紙税

コロナの影響で「脱ハンコ」という言葉が流行しました。社内承認のためにハンコを押しに会社に行く。大企業特有の話で小さな会社には関係のないことかもしれませんが、小さな会社でもいまだに「書面」で契約を締結している人は多いのではないでしょうか。

契約書という書面に当事者がそれぞれ捺印をすることで「契約を締結した」という実感を得ることはできるかもしれませんが、法的には書面である必要性はありません。もちろん契約書そのものがないと後々の揉め事につながるため、契約書の作成をなくすことは避けたほうがいいですが、**書面ではなく電子契約の導入**も検討してみましょう。

契約締結完了までのスピードが圧倒的に速い

まず、電子契約を利用することで、ハンコを押す必要がなくなります。これは単にハン

契約締結までの流れ

書面で行う場合

1. 契約書（案）の作成・相互確認
2. ↓ 契約書を2通印刷・製本
3. ↓ 収入印紙の有無の確認
4. ↓ 自社で契約書へ押印
5. ↓ 取引先へ契約書を2通郵送
6. ↓ 取引先で捺印
7. ↓ 取引先から1通返送してもらう

電子契約の場合

1. 契約書（案）の作成・相互確認
2. ↓ 契約書のPDFをアップロード
3. ↓ 相互に簡単な電子署名

工程を大幅にカット！

ムダをなくすコツ

契約締結までのスピードが圧倒的に速い

コを押すか押さないかということだけではなく、契約締結完了までのスピードが圧倒的に速くなるということなのです。契約書を書面でやり取りする場合、契約内容の相互確認が完了したら、契約書の製本や収入印紙の有無の確認、捺印や郵送など、さまざまな事務作業が発生します。前ページの図の通りです。

一方で電子契約を利用すると、相互に確認済の契約書のＰＤＦをアップロードし、お互い簡単な電子署名をすれば、**実働５分もあれば契約締結まで完了させることができる**ので、契約締結までのスピードは圧倒的に速くなります。

収入印紙が不要になる

印紙税は、「経済取引に伴い作成される文書の背後には経済的利益がある（＝担税力がある）」として、文書の作成という事実に基づき課税がされる特殊な税金となります。日本では明治時代に導入されました。細かい話はさておき、契約書を作成したら「収入印紙が必要かどうか」「いくらの収入印紙が必要か」を確認する必要があります。

一方でクラウド契約書サービスを利用し、契約書を電子化すると、印紙税は発生しません。郵送コストも発生しません。契約事務手続きが圧倒的に簡素化され、かつ**印紙税や郵送コストもかからない**ので、経理の効率化には契約書の電子化も取り入れたいところです。

電子契約では収入印紙が不要

書面での契約書に必要な収入印紙の例

契約内容(例)	印紙税額
工事請負契約(150万円)	400円
不動産売買契約(3000万円)	20,000円
継続取引の基本契約	4,000円

契約書の内容に応じて異なる収入印紙を購入しなければならない

電子契約を行う場合は
収入印紙が不要になる！

電子契約の導入コスト

収入印紙	不要
初期導入コスト	無料が多い
送信件数ごとのコスト	1通あたり0円～200円程度
月額利用料金	5,000円～10,000円程度 (月5件までは無料で使えるサービスなどもある)

- 月額費用がかかることが多いものの、収入印紙代や郵送費用は発生しない
- 「収入印紙が必要かどうか」「いくらの収入印紙が必要か」という確認が不要で、契約事務手続きが圧倒的に楽になる

ムダをなくすコツ!

電子契約は作業コストや印紙税をカットできる

section 08

電子化の例⑤

給与明細を電子化する

ここがムダ ×

「紙」の給与明細

給与明細の保管

従業員に給料を支給したら、毎月給与支給日までに従業員に給与明細を渡さなければならない。

これは所得税法で定められた法律上のルールです。もちろん給与明細を従業員に渡していないという人はいないと思いますが、紙で渡している人は多いでしょう。

これまでは給与明細を会社で印刷して手渡しすればよかったため、特に紙で渡すことも手間ではなかったかもしれません。しかし、コロナ禍でリモートワークが当たり前になり、従業員に手渡しすることができなくなったため、給与明細を郵送しているという人が多いのではないでしょうか。

郵送となるとそれなりの事務手間もかかるので、**給与明細の電子交付**も検討してみましょう。

給与明細交付までの流れ

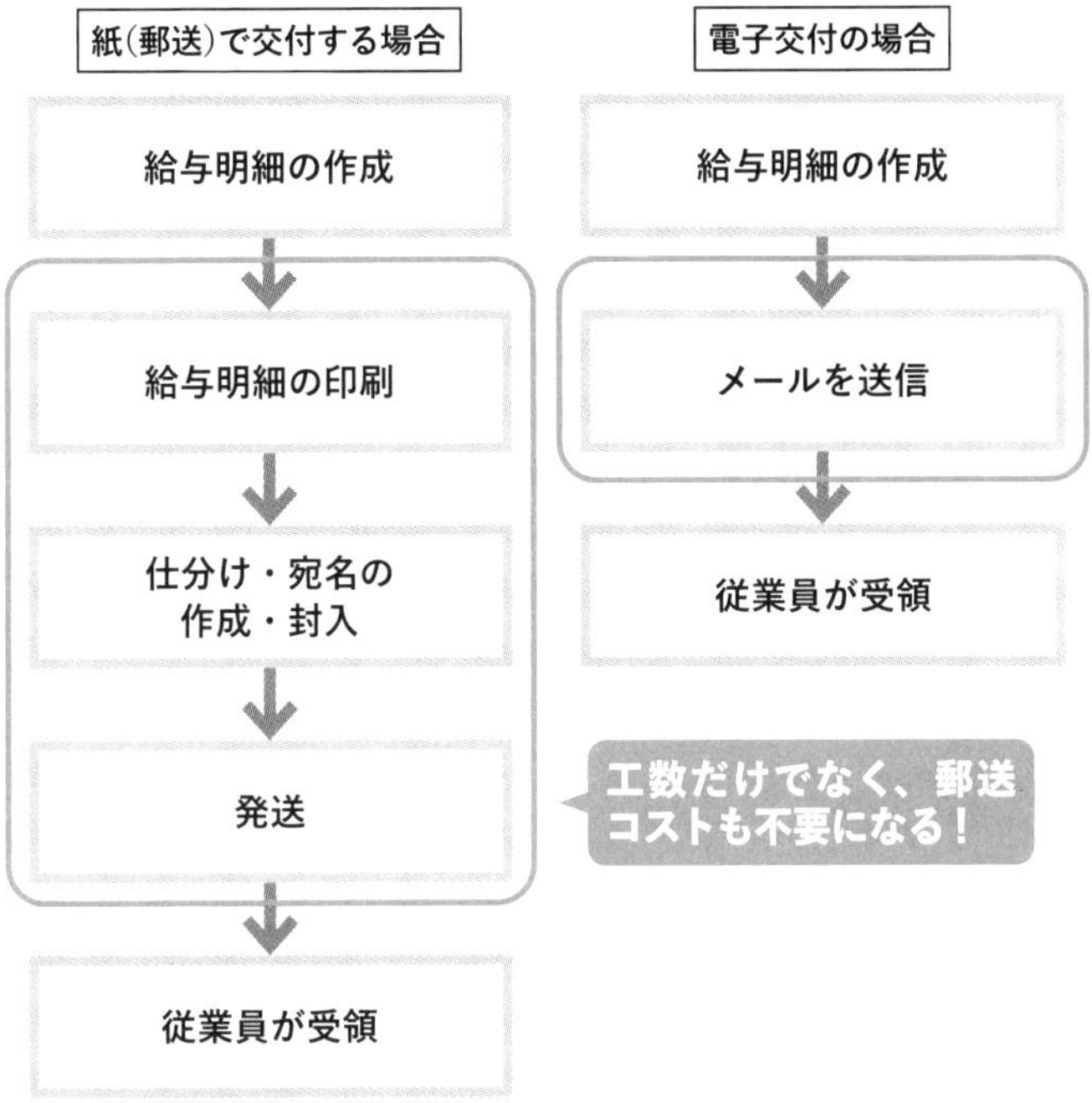

紙で交付している場合、従業員が給与明細を紛失した際には再発行を行わなければならない

→ 再発行にも印刷・仕分け・発送などが必要で、ムダな作業コストが発生する

ムダをなくすコツ

郵送の手間・コストを電子化で削減

給与明細を電子化する上での注意点

給与明細の交付は、給与支給日までに「紙」で従業員に交付することが原則となるので、会社都合で勝手に電子化（メール交付など）をすることはできません。具体的には次の2つに留意する必要があります。

①給与明細を電子化することに対し、全従業員から同意を得なければならない
②電子化した後も、従業員から「紙」でほしいと依頼があったら紙で交付しなければならない

給与明細の電子化は従業員にとってもあながち悪いことではありません。捨てるに捨てられず毎月の給与明細がどんどんたまっていく、紛失した場合には明細がわからなくなってしまうなど、紙で交付することは従業員にとっても不都合が生じる場面が多々あります。**従業員からの同意を得ることさえできれば、あとは給与明細をメールで送るだけ**です。使用している給与システムによっては、メールアドレスを登録することで、ボタン1つで送付まで完了することもできるでしょう。

給与明細の電子化を行う

給与明細：給与支給日までに「紙」で
交付することが原則的な取り扱い

↓

電子化する場合には……

2つの事項に留意する

▼

①電子化を行うことに関して、事前に全従業員から同意を得る
②電子化後も、従業員から依頼があれば都度「紙」で給与明細の交付を行う

これらを守る必要はあるが、従業員の同意を得ることさえできればすぐに電子交付を導入することができる。予めメールアドレスを登録しておくと、ボタン１つで給与明細の送付までを完了することができる給与システムもある

従業員側にも電子化のメリットがある

・紙でほしくなったら、会社にいえばいつでも紙でもらえる
・いつでも給与明細を見ることができる
・給与明細の保管場所を確保しなくて済む

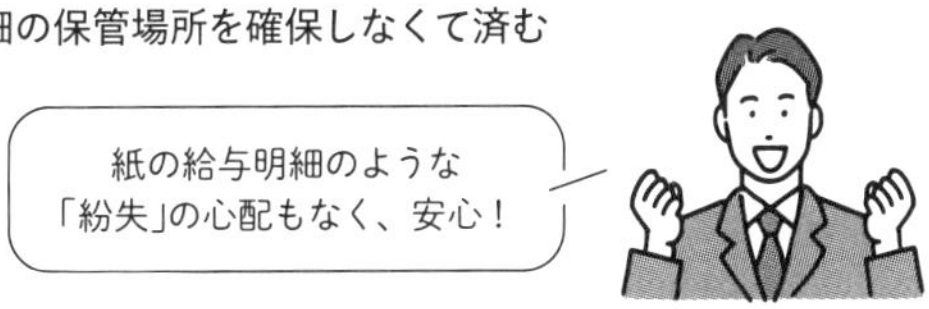

ムダをなくすコツ！

従業員の同意を得ることが必須

section
09

年末調整を電子化する

電子化の例⑥

11月から12月にかけて人事担当者にとっての繁忙期といわれていますが、その最大の理由は「年末調整」にあります。年末調整は担当者にとってはとても面倒な一大イベントです。小さな会社の場合、年末調整事務も経理社員が担当していることもあります。

ここがムダ

「紙」のやり取り

膨大な説明資料

年末調整がなぜ繁忙期の要因となるのか？

年末調整が繁忙期の要因になってしまう最大の理由は、**「紙」でのやり取りが必要となる**からです。そもそも、年末調整は「会社員のための確定申告」といわれています。所得税に関する基礎知識がない従業員にとっては、どこに何の情報を記載すればわかりづらいものなのです。会社がいくら説明資料を用意したとしても、従業員ごとに契約している保険や家族構成も異なるので、どうしても説明資料が膨大になってしまいます。最終的には、

「紙」でやり取りする年末調整

従業員側

- 会社から年末調整に必要な資料を「紙」で交付される
- 保険会社から支払った保険料の証明書などを「紙」で受領する
- 会社からもらった資料に基礎情報を記入し、保険会社からもらった証明書を添付した状態で会社に「紙」で提出する

会社側

- 従業員から年末調整に必要な資料を「紙」で受領する
- 「紙」で受領した書類を会社の年末調整計算システムに入力する
- 入力項目に不備があった場合は、従業員に確認する
- 年末調整結果を、次月の給与計算に反映させる
- 年末調整資料を一定期間「紙」で保管する

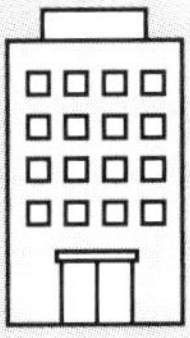

- 紙で情報を受け渡しするため、人事担当者（または経理社員）が情報を入力し直さなければならない
- 従業員は紙に記入した情報に誤りがあっても、人事担当者（または経理担当者）が年末調整システムに入力するまで誤りに気がつくことができない

ムダをなくすコツ！

年末調整が面倒な理由は「紙」が必要だから

資料には最低限の情報しか記入せずに単に証明書だけを会社に送り、あとは人事担当者任せになってしまうということにもなるのです。

何とかならないか？　という議論は昔からされていましたが、コロナ禍でリモートワークが当たり前になった令和2年から、ようやく年末調整の電子化・ペーパーレス化の制度が開始されました。

年末調整の電子化

現行法令上は年末調整の電子化は義務ではありませんが、**年末調整を電子化することで年末調整事務が格段に楽になる**ことは確かです。

従業員側は、国税庁が提供しているアプリやパソコンソフト上で簡単な情報入力をしたり、保険会社などからのデータを連携させたりするだけで年末調整資料を会社に提出することができます。一方の会社側も、従業員から受け取ったデータを給与計算ソフトに連携させるだけで次月の給与に年末調整結果を反映させることができるので、従業員別にさまざまな情報を入力したり、**従業員側での記載不備の対応をしたりする必要がなくなります。**

年末調整の電子化には、事前に税務署への届出や、給与計算システムの改修も必要となるものの、電子化することができれば、年末調整事務は圧倒的に効率化できます。

電子化された年末調整

従業員側

・国税庁が提供している年末調整ソフトをスマートフォンやパソコンでダウンロードする

・年末調整ソフトに基礎情報を入力・選択し、保険料控除証明書データを連携させる

・年末調整ソフトに反映させた情報を会社に送信する

会社側

・従業員から年末調整ソフトの情報を受信する

・会社の給与システムに連携させ、年末調整計算結果を自動的に反映させる

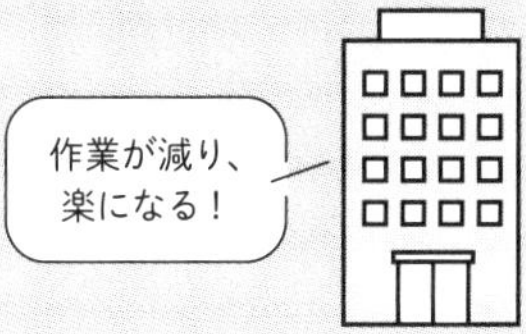

・従業員側の入力に誤りがある場合は、会社に送信する前に解決される

・「紙」でのやり取りが基本的になくなるため、人事担当者（または経理社員）のリモートワークが可能となる

・年末調整の資料を「紙」で保管する必要がなくなる

➡ **年末調整事務が圧倒的に効率化される**

ムダをなくすコツ！

従業員も会社も年末調整の電子化で楽になる

section 10

電子化の例⑦

申告・納税を電子化する

ここがムダ ✕

申告書の郵送

窓口での納税

税務申告書の提出や納税は、期限がとてもシビアです。申告書の提出日が1日でも遅れると「期限後申告」という取り扱いになったり、納税が1日でも遅れると「延滞税」などが発生したりと、ペナルティの対象となります。いまや申告書の提出や納税はすべて電子化していることが一般的になりました。一方で、いまだに申告書を郵送やもち込みで提出していたり、納税のために銀行窓口へ行ったりしている人も少なからずいます。**申告・納税手続きに関しては税理士との連携が必須**となるので、申告・納税の電子化ができていない人は、すぐに税理士に連絡してみましょう。30分もあれば、電子化の体制は整備できます。

電子申告を導入する

税務申告を電子化（=電子申告を導入）するために、会社としてやらなければならない

電子申告の導入手続き

①国税電子申告・納税システム(e-Tax)で**利用者識別番号**を取得する

https://www.e-tax.nta.go.jp/hojin.html

②地方税ポータルシステム(eLTAX)で**利用者ID**を取得する

https://www.eltax.lta.go.jp/eltax/junbi/riyoushaid/

いずれも基礎情報を入力して送信ボタンを押すだけで取得できるため、所要時間は10分程度

ムダをなくすコツ！

会社がやるべきことはIDの取得のみ

ことは**「電子申告に必要となるＩＤを取得する」だけ**となります。

会社が税金の申告をする場合、決算書や申告書などの難解な書類をさまざま作成する必要があるため、ほとんどの会社は税理士と契約をしているはずです。「電子申告」をしたほうが会社も税理士も手続きが楽になるため、一般的な感覚をもっている税理士は契約の段階で電子申告に必要な手続きをするでしょう。

ただし、いまだに申告時期に税理士から申告書類が郵送されてきて、そこに捺印をして郵送（またはもち込み）で提出をしている場合は、早急に税理士に電子申告を導入したい旨を伝えましょう。

会社は上記の図にある①②で**利用者識**

別番号・利用者ＩＤを入手（所要時間10分程度）すれば、あとは税理士側で提出手続きまで完結させてくれるのです。

電子納税を導入する

電子申告の導入が済んだら、次は納税手続きも電子化しましょう。申告よりも納税手続きのほうが、会社にとって負担となることが多いです。

小さな会社の場合は、この手続きも会社だけで完結することが難しいです。電子納税の方法によっては事前に税務署への届出が必要であったり、電子納税に対応していない金融機関もあったりするので、まずは税理士に連絡をしてみましょう。

電子納税をしていない場合は、税理士から納付書が紙で送られてきて、月末に時間をつくり、通帳と納付書をもって金融機関に行くことになります。月末は多くの人が納税や支払い手続きのために金融機関を訪れるため、窓口が混んでいることが多いです。ただでさえ時間がない社長にとっては、これほどのストレスはないでしょう。

一方、電子納税が導入されていれば、税理士側での手続きにより**自動引落設定などが可能**となります。月末に混雑している金融機関へ駆け込むことがないように、電子納税はぜひとも導入したいところです。

電子納税の導入

電子納税：電子化された納税手続きのこと。納税手続きは、申告よりも会社にとって負担となることが多い

小さな会社の場合……

会社だけで手続きを完結させるのは困難

▼

電子納税の方法によっては、事前に税務署への届出が必要である場合がある。そもそも電子納税に対応していない金融機関・クレジットカードもあるため、まずは税理士に連絡・相談するとよい

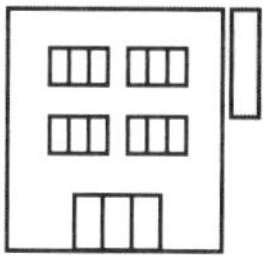

電子納税の種類

①ダイレクト納付	指定期日に指定口座から自動引落され、納税することができる
②インターネットバンキング納付	インターネットバンキングからの振込のような形で納税できる
③クレジットカード納付	指定したクレジットカードから納税できる

税理士側での手続きで
自動引落設定などが可能に！

ムダをなくすコツ

納税を行う際の手間やムダな時間を削減できる

section 11

電子化の例⑧

経費精算をなくす

ここがムダ

膨大な経費精算

経費精算システム

経費精算は、経理社員にとって面倒な業務の１つです。社長や営業社員の経費精算は電車代やタクシー代だけではなく、出張した際のホテル代、得意先との接待や手土産代、消耗品代など、多い人では月に50件や１００件の経費精算をしなければならないこともあります。

使った経費をExcelに記入してもらい、領収書を添付したものが経理社員に提出されます。経理社員はその内容をチェックし（誤りがあれば差し戻し）、会計処理や対象者への精算処理をしなければならないので、それなりの業務量になります。

そのため、毎月膨大な量の経費精算をする必要がある場合には、**法人クレジットカードの作成・利用**をおすすめします。これによって、大幅な経理業務の効率化が実現可能となるのです。

法人のクレジットカードを使用するメリット

①導入コストがかからない

- 年会費以外に導入コストがかからない
- クレジットカードを使ったことがないという人はほとんどいないため、マニュアルなどを作成して周知する必要もない

②不正防止につながる

- 法人クレカを利用すると、その都度利用明細に反映されるため、誰が・どこで・いくら利用したかをすぐに把握することができる
- 経費精算の場合と異なり、架空の領収書を申請するなどの不正を行うことが困難なため、不正防止につながる

③従業員に経費精算をする必要がない

- 法人クレカは法人口座からの自動引落となるため、精算作業が発生しない
- 利用明細がダウンロードできたり、クラウド会計を導入したりすることで、会計処理も効率化できる

経費精算が必要となる人間が限られている小さな会社の場合は、法人クレカを複数枚つくることもおすすめ

ムダをなくすコツ！

コストや不正リスクの面から経費精算は廃止する

経費精算に代えて、法人クレカを利用してもらうメリット

１１２ページでも紹介しましたが、法人のクレジットカードは経費精算業務自体をなくすことができるだけではなく、不正防止にもつながります。

クレジットカードを使ったことがないという人はほとんどいないので、導入に際したマニュアルの作成も必要ありません。社内の決めごと（いくらまで使っていいかなど）さえ周知しておけば、あとは年会費を支払って法人のクレジットカードを契約し、従業員に渡せばいいだけなのです。

法人クレジットカードの魅力は、クラウド会計との併用により、リアルタイムで会計処理をすることができる点にあります。**経費精算業務が不要になるどころか会計処理効率も上がる**ため、ルールさえ決めておけば使い勝手がいいのです。

法人クレカは手軽に運用できる

テレビでは経費精算システムの広告が数多く流れていますが、小さな会社が経費精算システムを導入・運用することは少し難しいでしょう。

数十名・数百名と経費精算の対象となる従業員がいる場合は、経費精算システムを導入

することで業務効率化を図ることができます。ただし、小さな会社で経費精算システムを導入しても、それが必ずしも業務効率化に役立つとは限らないのです。

もちろん、経費精算システムにもメリットはあります。これを導入することで、

- 経理担当者の確認作業や、保管コスト、処理ミスの削減につながる
- 従業員への精算作業も簡単になる
- 会計ソフトとの連携で、会計処理を効率化できる

などの効果を得ることができるのです。経理業務の効率化に直結しており、魅力的なシステムのように思えます。

しかし、**システムの導入にはコストがかかる**上、何より**運用するまでの社内体制の整備（ルールづくりやマニュアルの作成・周知など）も容易ではない**のです。導入の事前準備でムダなコストや作業が発生してしまっては、元も子もありません。

経費精算の対象者が限られている小さな会社の場合は、経費精算システムの導入よりも手軽にできる法人クレジットカードでの運用がおすすめです。

経費精算システムを導入する場合

法人クレジットカードと同じく、メリットもある

①経理担当者の確認作業が削減

・電子帳簿保存法の要件を満たす場合は領収書の原本回収が不要で、保管コスト削減や紛失防止につながる（申請者はスマホで領収書を撮影）
・記入ミスによる差し戻しなどのやり取りが極端に減る
・金額が自動計算されるため、処理ミスが減る
・社外からの申請も可能になる

②従業員への精算作業も簡単に

・振込データの自動作成機能もあるため、精算作業の効率化が実現

③会計処理の効率化

・経費精算システムから抽出したデータをもとに会計ソフトと連携させることで、会計処理の効率化が実現

しかしその一方で……

・規模によっては多額の導入コストがかかる場合がある
・運用開始までの事前準備やマニュアルの周知が大変

➡ **小さな会社が運用するにはハードルが高い**

法人クレジットカードのほうが手軽に運用できる

ムダをなくすコツ！

小さな会社は法人クレジットカードを導入する

第5章

無理な節税は×
小さな会社でも使える
有効な節税テクニック

section 01

目先の税金逃れはいつか必ずツケが来る

ココに注目！

税務調査

ペナルティ

会社にお金を残すためには、税金を払う以外に方法はありません。そして、目先の税金逃れ（脱税）に手を染めてしまうと、いつか致命傷を負うことになります。

「税金は脱税がバレたときに払うから、バレるまではできるだけ払わない」

このような考えをもつ人の多くは、**バレたときに税金を払うだけの資金はもち合わせていないことが多い**といえます。

本来納税すべきお金を「自由に使っていいもの」と思い込み、生活費や娯楽費、子供の学費などのプライベートの支払いに充てていると考えられるためです。

そうしたなか、ある日突然、税務調査が入ったときのことを想像してみて下さい。

日々、さまざまな会社の税務調査をしている調査官にとって、何の対策もしていない無

税金滞納のデメリット

❶ペナルティの発生

- 延滞税、過少申告加算税などをプラスして納税する必要がある
- 悪質な場合は重加算税（追加納付額×35％など）が課税される

→ **コストの増大**

❷財産の差し押さえ

- 税務署などの徴収職員は滞納処分（財産の差し押さえ、換価など）が可能
- 法人の預金口座が差し押さえられたら、完納するまで口座が通常に使えない

→ **ビジネスの停滞**

❸信用の低下

- 金融機関、取引先からの信用が低下する
- 営業許可の取り消しがなされる可能性がある

→ **ビジネスの継続危機**

ムダをなくすコツ！

ビジネスの継続危機を招くだけの脱税は厳禁

防備なごまかしを見抜くのは容易です。そして税務調査の対象期間は平均で過去3年分、多いときは過去7年分と長期間に及びます。

仮に年間１００万円の納付もれを指摘された場合、対象期間が7年間だと本税（ペナルティを除いた金額）相当で７００万円、ペナルティを含めると１０００万円近くの納税を迫られることになるでしょう。

この支払いができなければ、**税務署などの徴収職員は一定の手続きを経て、財産の差押え**を行います。もちろん法人の預金口座を差し押さえられると、売上金の入金はすぐ納税に充てられてしまうので、仕入先や従業員への給料の支払いだけでなく、融資の返済も滞ってしまうでしょう。

これらの支払いが滞れば会社の信用力は一気に低下します。仕入のストップや従業員の退職など一時的な影響だけではありません。許認可を受けて営業している場合、**許認可の取り消し処分を受けるなどして、今後のビジネスの継続すら危ぶまれてしまいます。**

払うべきものは払う。払わなくていいものは払わない

利益に対して約30％の税金を支払った後の金額が、本来会社として使うことのできる資金となります。それを支払わずに投資に回したり、過度に生活水準を上げたりすることは、

法人税の実地調査の状況

	平成30年	令和元年
実地調査件数	9.9万件	7.6万件
非違があった件数	7.4万件	5.7万件
うち不正計算の件数	2.1万件	1.6万件

出所：国税庁「令和元年事務年度　法人税等の調査実績の概要」

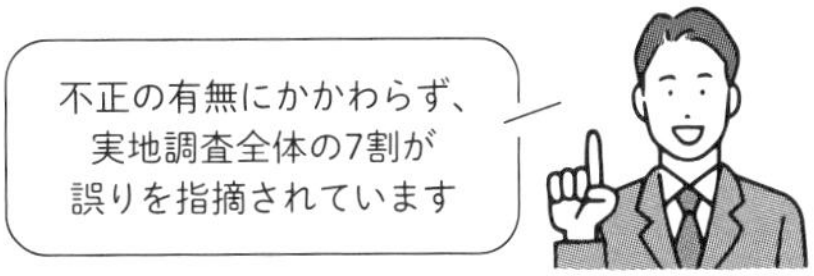

ムダをなくすコツ!

実地調査で脱税は必ずバレる

本来の力以上にお金を使っているだけにすぎず、いつか痛い目にあいます。

ただし、何も**不必要に税金を納める必要はまったくありません。**ルールブック（条文）に書いてある節税策はすべて忠実に実行し、本来支払うべき税金だけを納めていれば何も問題はありません。

なお、本書で紹介する「節税策」には、とっておきの秘策は１つもなく、税理士であれば誰もが知ることばかりです。ただ、当たり前のことを当たり前に実行していない会社が多くあるのです。

もちろん要件に合致しなければ使うことはできませんが、合致するものを１つでも実行することで、効果的な節税や資金繰り対策につながるはずです。

section
02

節税には毎月の数字の「見える化」は必須

ココに注目！

利益の把握

節税策の実行

本章後半では計15個の節税策を紹介しています。もちろん本書でも紹介することのできなかった節税策はいくつもありますが、どの節税策を実行する場合でも共通していえる大切な前提が2つあります。

①毎月の利益は、ある程度正確に把握すること

②決算日を迎えるまでに、節税策を「実行」すること

法人税等は会社の利益に対して課税されるので、そのベースとなる利益を把握することができていないと、手間をかけて実行した節税策が空振りに終わることもあります。

また、**節税策の多くは「決算日を迎えるまで」に実行している必要があり**、事前に適切な準備をせずに無理やり実行してしまうと、後々の税務調査で否認され、余計なペナルティの支払いを迫られてしまう可能性もあります。

節税策を講ずるための大前提

「決算日を迎えるまで」に大方の利益を把握する

● **法人税等は利益に対して課税される**

➡ **課税額のベースとなる利益を正しく把握する必要がある**

● **現状を把握しなければ打開策は出ない**

➡ **赤字か黒字かわからない状態だと、どう対策するべきか検討すらできない**

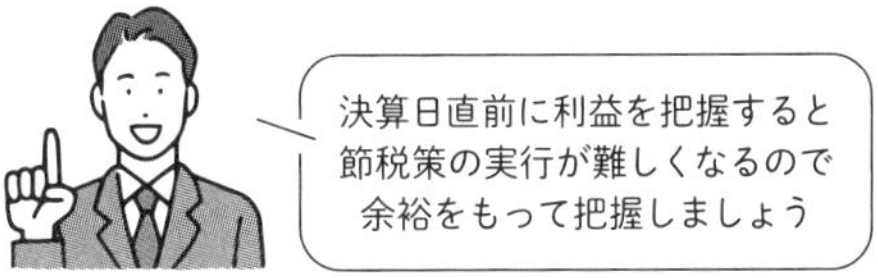

「決算日を迎えるまで」に節税策を実行する

● **節税は決算前まで**

➡ **決算日を迎えた後に実行できる有効な節税対策はほとんど存在しない**

● **決算ギリギリで行う節税策は、準備不足によるペナルティのリスクもある**

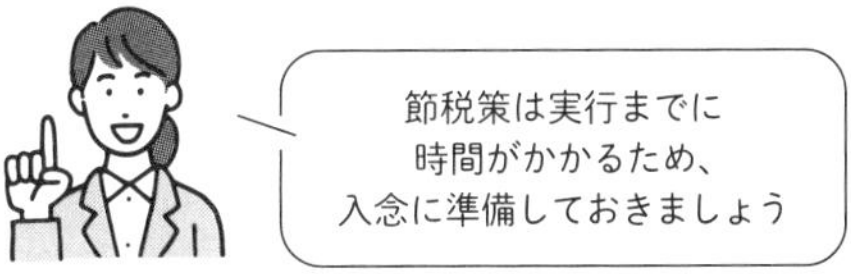

ムダをなくすコツ!

決算日までが節税策を実行するタイムリミット

section 03

会計帳簿の作成には「発生主義」が不可欠

ココに注目！

現金主義

発生主義

小さな会社でよく見かけるのは「現金主義」による会計処理。現金主義とはその名の通り、支払いや入金をベースに会計処理をすることをいいます。現金主義は預金明細に書かれている入出金日で会計処理をするため、手間をかけずに「それらしい」会計帳簿の作成は可能ですが、**決算では「発生主義」という取引の発生に応じて会計数字を固める必要があるため**、現金主義で毎月帳簿をつけていると、毎月把握している利益から決算で大幅に数字がズレることとなります。左図のように、直前までは赤字だと思っていたものが、いざ決算を迎えると大幅な黒字であったという事象が考えられます。決算日を過ぎて気がついても有効な節税策はほとんどありません。ムダな税金を払いたくなければ、**会社の実態を表した発生主義により毎月の利益を把握**し、決算日を迎えるまでには入念な準備をして節税策を講じる必要があるのです。

発生主義による利益の把握

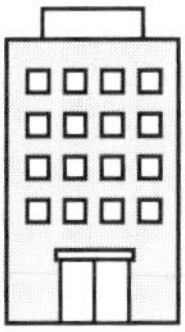

A社の例

・2月末決算
・売上：請求から2カ月後に入金
・費用：注文から1カ月後に支払い

現金主義の場合

決算（2月）

（単位：万円）

	1月	2月	3月	4月
売上			200	300
費用		100	150	0
利益	0	−100	50	300

→ 決算前（2月時点）では赤字であるため
法人税がないと思っていた

発生主義の場合

決算（2月）

（単位：万円）

	1月	2月	3月	4月
売上	200	300	…	…
費用	100	150	…	…
利益	100	150	…	…

→ 発生主義になおすと黒字となり
法人税が発生することが発覚。
決算日を過ぎているので
節税対策が行えない

ムダをなくすコツ！

毎月可能な限り発生主義で利益を把握する

section 04

納付時期を遅らせて資金繰りに余裕をもつ

ココに注目！

納付時期

資金繰り

節税策には、大きく分けて「納付時期を遅らせる節税策」と「税額そのものを減らせる節税策」の2種類あります。

「納付時期を遅らせる節税策は、いつかは払わなければいけないから意味がないのでは？」

そう考える人もいるでしょう。たしかに通年で考えた場合の納税額は変わりませんが、**直近に支払う税額を減らすことができるということは、減らした税額の納税を1年間猶予させることができる**こととなります。

法人税等は決算日から2カ月以内に納付することが原則となりますが、例えば左の例のように、賞与を前倒しで支給することで、2カ月後に支払うべき税金を半減させることが

納付時期を遅らせる節税策の効果

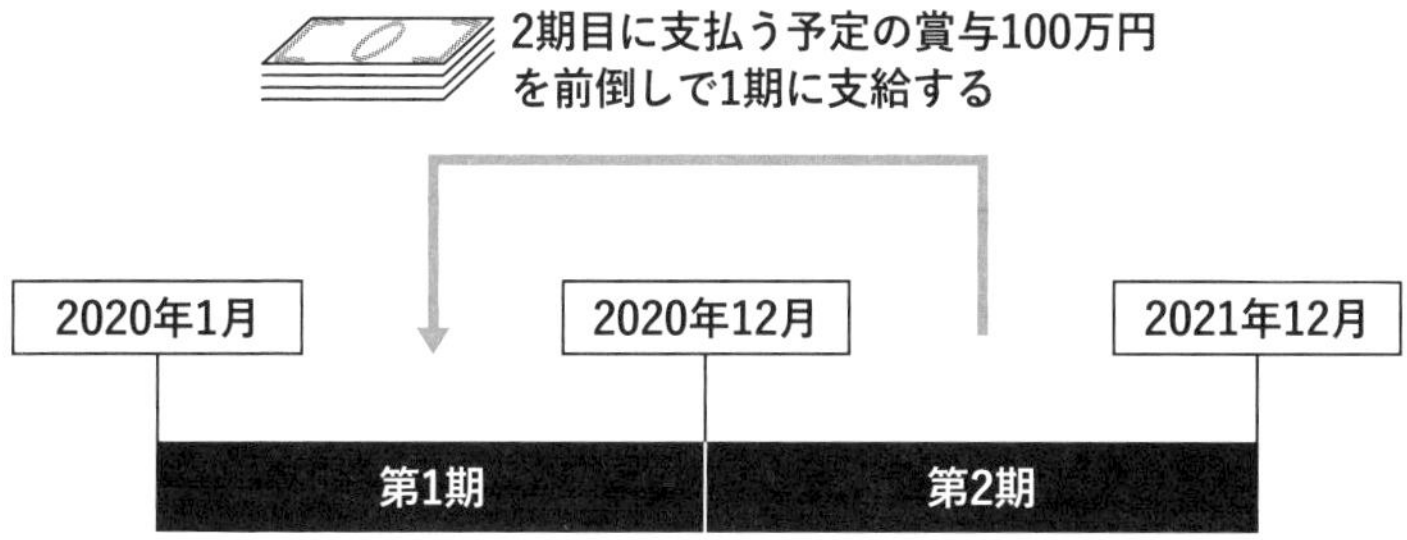

賞与を前倒しで支給した場合

（単位：万円）

	第1期	第2期	合計
利益	100	200	300
法人税	25	50	75
納税時期	2021年2月	2022年2月	

賞与を前倒しで支給しなかった場合

（単位：万円）

	第1期	第2期	合計
利益	200	100	300
法人税	50	25	75
納税時期	2021年2月	2022年2月	

ムダをなくすコツ!

期ズレの節税は資金繰りに余裕をもたらす

できます。

半減させた税金は1年後に支払う必要があるものの、**納付を猶予された1年間で、半減させた納税額相当のお金を別の投資に回す**ことができます。

税金は支払った瞬間に「取り戻すことのできない支出」となりますが、猶予された1年間で別の投資に回すことによって、会社の成長速度を向上させる効果が期待できるのです。

ただし、経費の前倒しや売上の計上基準の変更などは、適正なルールにもとづいて実施しないと、税務調査で指摘されて追加納税を余儀なくされてしまう可能性があります。

税務調査官は効率的に「指摘事項」を探そうとします。不当に納税を遅らせている可能性が高い決算日直前の取引を確認することが、税務調査官にとって手っ取り早い「指摘事項」の確認方法です。

もちろんルール通りに計上されている場合は問題ないのですが、ルールを逸脱して納税時期を遅らせている場合は即刻指摘対象となりますので、注意しましょう。

納税時期を遅らせる節税策の種類

合法的に経費を前倒しで計上するなどして、直近の納税額を抑えることができる

通年で考えると納税額は変わらないが、納税を先送りにすることができるため、資金繰り改善には効果的

本章で紹介する節税策

	節税策	ページ
①	決算期変更	198ページ
②	決算賞与の有効活用	200ページ
③	売上の計上基準を見直す	204ページ
④	未払金・未払費用の計上	206ページ
⑤	決算セールの実施	208ページ
⑥	固定資産を早期に費用化	210ページ
⑦	中古資産の活用	214ページ

ムダをなくすコツ

7種類の方法で納付時期を遅らせる

section 05

税制を活用して税額そのものを減らす

ココに注目！

軽減税率

税額控除

2つ目の節税策は、今より低い税率の適用を受けたり、人材投資や設備投資に係る税額控除を受けたりすることで、税金そのものを減らす方法です。

もちろん適用要件に合致させるためには、規定の整備などの手続きが必要なものもありますが、適用要件に合致し、**税金そのものを減らすことができれば、減った税金相当は即刻他の投資に回すことができます。**要件に合致すれば必ず実施したほうがよいです。

本章では、次ページ以降で計15種類の節税策を紹介しますが、1つでも導入できそうなものがあれば、まずは簡単なものから導入を検討してみましょう。

導入するかしないかで、**納税して資金を流出させるだけなのか、別の投資に回して会社を成長させるのか、今後の明暗が分かれる**はずです。

税額そのものを減らせる節税策の種類

納税を先送りにするものではないため、要件を満たす場合は必ず行ったほうがよい

本章で紹介する節税策

	節税策	ページ
⑧	資本金の見直し	216ページ
⑨	旅費規程の整備	218ページ
⑩	社宅の導入	220ページ
⑪	5000円以下交際費の活用	222ページ
⑫	消費税の簡易課税制度の活用	224ページ
⑬	分社化による所得分散	228ページ
⑭	所得拡大促進税制	232ページ
⑮	中小企業投資促進税制	234ページ

導入に際して留意点があるものもある。
⑫簡易課税制度の留意点は226ページ、
⑬分社化の留意点は230ページ参照

ムダをなくすコツ!

8種類の手法で税額を減少させる

section
06

節税策①

決算期を変更し納税の時期を遅らせる

ココに注目！

突発的な利益

決算期の変更

所定の手続きを経ることで、決算期はいつでも、自由に変更することができます。そのため、期末に突発的な利益が生じる見込みがある場合、**決算期を変更することで、突発的な利益に対する税金の納付を先送り**させることを検討しましょう。

例えば、12月決算の会社が、12月に多額の利益が発生する見込みの場合、11月決算に変更することで、12月に見込まれる利益に対する税金の納税を、1年後に遅らせることができます。

決算期をコロコロ変えてしまうと税務署や金融機関からの印象が悪くなるという噂もありますが、**決算期変更が税務署や金融機関の印象悪化に直結することはありません**。税務署はルールに則って納税をしていれば怖くないですし、また、金融機関からも計画通りに返済さえしていれば余計な疑いをかけられることはないでしょう。

決算期を変更する効果

12月決算の会社の場合

（単位：万円）

	9月	10月	11月	12月
売上	200	300	250	1,500
費用	150	250	220	500
利益	50	50	30	1,000

12月分だけで300万円の法人税が発生する

11月決算に変更すると

（単位：万円）

	9月	10月	11月	12月
売上	200	300	250	1,500
費用	150	250	220	500
利益	50	50	30	1,000

12月分の法人税の納付が1年後になり資金繰りに余裕ができる

決算期変更に必要な手続き

①株主総会の開催・決議
②定款の変更
③税務署などへ届出書を提出　など

ムダをなくすコツ

突発的な利益が見込まれる直前の決算期変更も一手

section 07

節税策②

決算賞与を支払日前に計上する

ココに注目！

決算賞与

役員賞与

就業規則で定められた賞与を会社都合で勝手に前倒しすることは問題がありますが、例えば「想定以上に利益が出て、税金を支払うぐらいなら従業員に還元してあげたい」という方針で賞与の支給を検討している場合、**決算賞与を有効活用しましょう。**

従業員に対する賞与は原則、実際に支払った日の損金（＝税金計算上の経費）となりますが、次の要件を満たす賞与は、支払日よりも前に損金とすることができます。

①支給する従業員全員に、支給する賞与の金額を通知する

②通知をした従業員全員に、決算日の翌月末までに支払いを行う

③通知をした日の事業年度に、賞与を費用計上する

多額に利益が出た次の事業年度で賞与を費用計上しているケースもありますが、ルールに則った「決算賞与」を活用することで、多額に利益が出た事業年度の損金を増やし、多

決算賞与の活用

12月決算の会社の場合

（単位：万円）

	10月	11月	12月
売上	300	250	1,500
費用	250	22	500
決算賞与			300
利益	300	250	1,200

来期の費用ではなく
今期の費用に前倒し

↓

損金（経費）が増えたことで今期の利益が圧縮され、
納税時期を遅らせることができる

決算賞与を今期の損金（経費）とする要件

❶その支給額を、各人別に、かつ、同時期に支給を受けるすべての使用人に対して通知をしていること

❷❶の通知をした金額を通知したすべての使用人に対しその通知をした日の属する事業年度終了の日の翌日から1カ月以内に支払っていること

❸その支給額につき❶の通知をした日の属する事業年度において損金経理をしていること

ムダをなくすコツ！

決算賞与を今期の損金にする

額の利益にかかる納税を先送りにさせることができます。

役員に対する賞与は原則損金にならない

貢献した役員に対して賞与を支給するケースもありますが、役員に対する賞与は例外です。日本の税法上、役員に対する給与・賞与にはさまざまな制限があり、原則、**役員に対して支給する賞与は損金（経費）とすることが認められていません。**

どうしても役員賞与を損金（経費）にしたい場合は、事前に税務署に、

「この役員に対して、いつ、いくらの賞与を支払います」

と届出をして、届出通りの支給日に届出通りの金額を支給しないといけない、というルールが定められています。

日本にはオーナー会社が多く、利益の調整弁として好き勝手に役員賞与を支給して納税時期をコントロールされては困るといった理由から、役員に対する給与や賞与には税法上で「縛り」がかけられているのです。

なお、登記された役員だけではなく、オーナー会社の社長の親族なども税法上は役員とみなされる可能性があります。親族に賞与を支払う場合には、役員と同様の「縛り」があるという点に注意しましょう。

賞与の損金算入にかかる制約

賞与

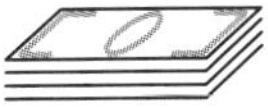

従業員への賞与

原則、損金として扱われる。ただし、損金算入時期には注意が必要

役員への賞与

原則的に**損金として扱われない**。ただし、要件をクリアすれば損金にできる

役員賞与の損金算入要件

❶株主総会での決議
❷事前に税務署へ、**どの役員に、いつ、いくらの賞与**を支給するかの届出書を提出する
❸税務署に届出をした支給日に、届出通りの金額を支給する

役員の範囲

❶法人の取締役、執行役、会計参与、監査役、理事、監事及び清算人
❷法人の使用人以外の者で、その法人の経営に従事しているもの
❸同族会社の使用人のうち、一定の者で、その会社の経営に従事しているもの
➡**オーナー会社の場合は、親族も役員とみなされる場合がある**

ムダをなくすコツ!

役員賞与は一定の手続きを踏むと損金にできる

section
08

節税策③

売上の計上基準を見直す

ココに注目！

計上基準

客観的な証拠

売上は「実現」したときに計上する必要がありますが、**いつ売上が「実現」したかの基準については、客観的な事実をもとに会社で決める**ことができます。

例えば小売業の場合、売上の計上基準を「出荷した日」とするよりも、「相手先に到着した日」とすることで、売上の計上を遅くすることができます。売上の計上が遅くなればなるほど、税金を納める時期を後ろ倒しすることができるので、その分資金繰りに余裕が出るだけでなく、節税策を練る時間的余裕をつくることができます。

ただし、一度決めた売上の計上基準を頻繁に改定することは、意図的な「租税回避行為」とみなされる可能性があります。また、例えば検収基準（取引先が、出荷した商品の検品を終えた時点を計上基準とすること）を採用するのであれば、**相手先から検収完了書を入手するなど、その計上基準に沿った客観的な証拠を残す**ことが必要です。

売上の計上基準を見直すメリットと留意点

売上の計上タイミングが遅いほど納税時期が遅れる

↓

売上の計上基準を見直すことで
売上の計上時期を遅らせることができる

計上基準の例

判断基準	詳細
①出荷基準	自社から出荷(発送)した日
②着荷基準	相手先に商品が到着した日
③検収基準	相手先の検収が完了した日
④使用収益基準	相手先で使用収益が可能となった日

注意事項

・一度決めた売上計上基準を頻繁に変更することは、意図的な租税回避行為とみなされる可能性がある

・売上計上日が遅ければ遅いほど、証拠書類の信憑性の高さ(相手先から受領する検収書など)が求められる

ムダをなくすコツ!

最も売上の実現日を伸ばせる計上基準を選ぶ

section 09

節税策④

決算で未払金・未払費用を正しく計上する

ココに注目！

未払金

未払費用

例えば、当月分の従業員への給料は翌月に支払うことが多いですが、**決算月の給料は、たとえ未払いであっても決算月の損金（費用）とすることが可能**です。

これは給料だけではなく、会社負担分の社会保険料、水道光熱費、電話代などにも共通していえることとなり、これらを支払日ベースではなく、適切な「発生主義」で費用計上することで、不必要な納税を避けることができます。

また、金融機関からの借入にかかる利息についても、例えば利息の計算期間が「○月16日～○月15日」などの期間となっている場合、月の後半部分は実際に支払っていなくても、未払費用を計上することが適切な会計処理となります。

決算月は特に「発生主義」を徹底し、未払金や未払費用の計上漏れがないように確認しましょう。

発生主義による未払金・未払費用の計上

未払計上 ＞ 支払日ではなく、購入（サービス提供完了）日などの債務が確定した日に費用計上すること

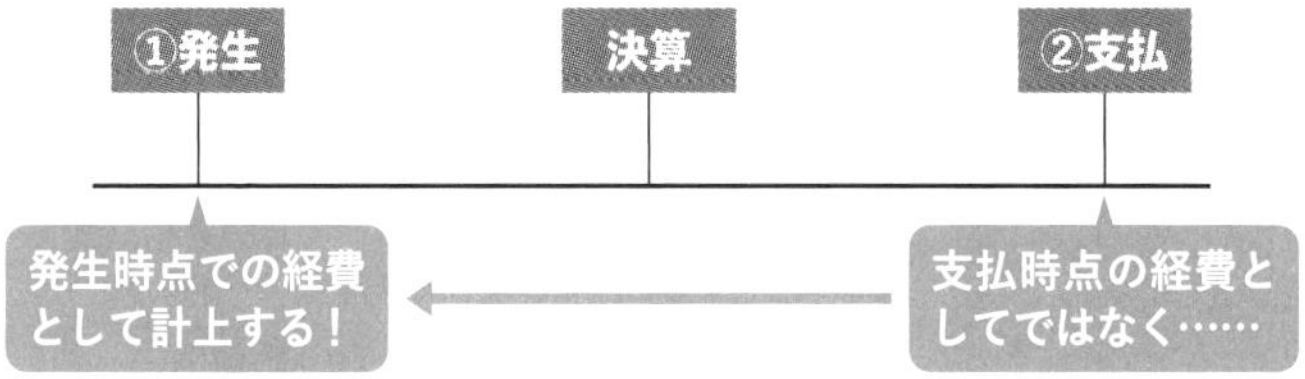

発生主義を徹底することが不必要な納税を避けることにつながる

未払計上できるものの例

- 従業員給与
- 会社負担分の社会保険料
- 水道光熱費
- 電話代
- 支払利息　など

借り入れの支払利息も未払計上できます

ムダをなくすコツ

損金算入のタイミングは支払時だけではない

section 10

節税策⑤

決算セールで過剰在庫を吐き出す

ココに注目！

在庫の現金化

在庫管理

アパレルや雑貨店、家電量販店で頻繁に目にする「決算セール」。

売上向上や宣伝効果のために決算セールをすることもありますが、最大のメリットは「在庫の現金化による資金繰りの改善」といえます。

売れ残った在庫を放置しておくと、1円の現金も生まないどころか、保管コストという「ムダ」を生じさせます。しかし、たとえ損をしてでも販売をすることで、**多少なりとも現金を得ることができる上、損失相当額は損金（経費）として処理することができる**のです。

一方で、繰り返し行われる決算セールによる値下げ販売は、ブランドイメージの低下にもつながりかねないので、頻繁に行うことは避けたほうがよいです。やむを得ず在庫が大量に余ってしまった場合にのみ、決算セールで在庫を一掃することを検討しましょう。

決算セールを行うメリット・デメリット

メリット

- 在庫の現金化による資金繰り改善
- 在庫の費用化による節税
- 売上向上
- 広告宣伝効果

➡ **最大のメリットは不要在庫の現金化**

デメリット

- 値下げ販売のため、本来の利益が確保できない
- ブランドイメージの低下につながる恐れがある

➡ **長期的に見ると、決算セールの頻発は会社にとって不利**

値下げで販売する決算セールはあくまで最終手段。決算セールを行う必要がないような販売戦略や在庫管理が重要

ムダをなくすコツ！

どうしても在庫が余ったら決算セールを行う

section 11

節税策⑥

固定資産を早期に費用化する

ココに注目！

即時損金処理

30万円未満

単価が10万円以上の設備などを購入したときは、**固定資産に計上するべきか即時に費用化させるかの判断が必要**となります。

納税時期を遅らせる節税は「早期の費用化」が肝となるので、この固定資産の会計処理は重要です。

30万円未満の減価償却資産は即時損金処理できる

一定の要件に該当する中小企業者等の場合、**取得価額が30万円未満の減価償却資産は即時に費用化**することができます。減価償却資産は「通常1単位として取引される単位」ごとに計上することができるので、できるだけ細かく会計処理をしましょう。

内装工事や車両を購入する際、1つの「モノ」に対してさまざまな附属費用がかかりま

固定資産を項目ごとに「分解」する①

飲食店の内装工事費の例

（単位：円）

品名	金額
電気工事	280,000
空調工事	250,000
入口日よけ設置工事	250,000
厨房棚設置工事	200,000
出入り口ドア交換工事	190,000
合計	1,170,000

→ 内訳を見ると すべて **30万円未満**

❶中小企業者等の特例を利用した場合

内訳がすべて30万円未満のため、1,170,000円全額を初年度で費用として処理可能。**初年度の節税に有効**

❷合計を取得価額とし、15年償却にしてしまった場合

（単位：円）

	1年目	2年目	3年目	4年目	…
減価償却費	155,610	134,914	116,970	101,413	…

初年度は15万円しか費用化できないため、**初年度における節税効果が薄い**

固定資産を早期に費用化するための要件

- 青色申告法人である中小企業者等
- 対象資産：取得価額30万円未満（年間合計300万円まで）

ムダをなくすコツ！

内装工事などの初期費用は項目を細分化する

す。必ず見積書などの「明細」に附属費用についての内訳が書かれているため、見積書などをもとにこの明細をできるだけ細かく分解して、費用化できる30万円以下の項目を増やしましょう。

例えば飲食店の内装工事などの場合、照明工事や空調工事、出入口の工事や厨房設備の設置や改修など、複合した工事を1つの業者に依頼することが多いです。

この場合、すべてを「内装工事」として1つの勘定科目で処理するのではなく、前ページの図のように**工事の種類ごとに分解することで、単価30万円未満の資産を複数つくり出すことが可能となり、すべてを即時に費用化させる**ことができる可能性があります。

また、車両の購入の際も、本体や附属品だけではなく、自動車税や自賠責保険などの付帯費用も明細に記載がされているはずです。これも本体の金額から分解して、付帯費用だけを費用化することができます。

請求書の合計をすべて固定資産として計上するのではなく、**明細ごとに即時費用化が可能なものを抽出し、できるだけ即時費用化できる金額を増やす**ことがポイントです。

設備投資をした初年度は資金繰りが圧迫されてしまいがちですが、右記の方法で設備投資初年度の納税額を可能な限り先送りさせると、資金繰りに余裕が生まれるでしょう。

固定資産を項目ごとに「分解」する②

車両購入費の例

（単位：円）

販売価格	車両価格	3,000,000
	附属品	300,000
付帯費用	自動車税	20,000
	自動車取得税	100,000
	自動車重量税	30,000
	自賠責保険	25,000
	検査登録代行費用	20,000
	車庫証明費用	5,000
合計		3,500,000

→ 付帯費用はすべて即時費用化可能

❶費用化できる付帯費用は取得価額に含めなかった場合

（単位：円）

	1年目	2年目	3年目	4年目
減価償却費	1,098,900	732,966	488,889	327,068
付帯費用の費用処理	200,000			
合計	1,298,900	732,966	488,889	327,068

❷合計を取得価額とした場合

（単位：円）

	1年目	2年目	3年目	4年目
減価償却費	1,165,500	777,389	518,518	346,890

➡ ❶のほうが13万円早期に費用化できる

ムダをなくすコツ！

自動車の購入の際は付帯費用を分けて計上する

section 12

節税策⑦

中古の資産の取得を検討する

ココに注目！

4年落ちの中古車

月割計算

「4年落ちの中古車を購入する」という節税策は、多くの人がよく耳にするものです。新車は基本的に6年間にわたって費用化させることとなりますが、使用から4年が経過した中古車は「中古資産の耐用年数の特例」を利用できるため、**耐用年数を2年に圧縮**することができます。耐用年数2年の定率法償却率は1・000%ですので、実質1年間で費用化ができてしまうのです。

もちろん不要なモノを購入することは「ただのムダ遣い」になってしまいますが、車両購入の予定がある人は、新車ではなく4年落ちの中古車の購入も視野に入れたいところです。ただし、減価償却には「月割り」という概念があり、例えば**決算月に取得した資産に関しては1カ月分の償却**しか認められていません。決算月に「節税目的」だけで焦って中古車を購入することは、避けたほうがよいでしょう。

中古の資産を取得するメリット

中古資産の耐用年数の計算方法

①法定耐用年数の全部を経過

法定耐用年数×20%

②法定耐用年数の一部を経過

(法定耐用年数－経過年数)
＋(経過年数×20%)

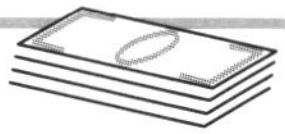

4年経過の中古車の場合、耐用年数が2年となる。
耐用年数2年の資産は償却率が1.000%、つまり1年で償却が可能

取得価額が350万円の場合の初年度償却費

新車
(6年定率法償却率：0.333%)

350万円 × 0.333%
＝ 116万円

4年落ち中古車
(2年定率法償却率：1.000%)

350万円 × 1.000%
＝ 350万円

※減価償却費は「月割り計算」をするため、決算日直前に購入した場合、年間償却費の1／12しか償却できない

ムダをなくすコツ!

4年落ちの中古車は12カ月で全額償却できる

section
13

節税策⑧

１０００万円を超える資本金を見直す

ココに注目！

消費税免税事業者

住民税均等割

日本の税法上、資本金が大きい＝担税力があるとされています。例えば**資本金を１０００万円以下に設定すると、新設法人の場合は最初の事業年度は消費税の納税義務が免除されたり、赤字でも毎年納付しなければならない法人住民税均等割の金額を最低限に抑えることができたりする**のです。

また、仮に資本金が１億円を超えると、税法上は「中小法人・中小企業者等」には該当しないこととなります。法人税の軽減税率の適用ができなくなってしまったり、過去の赤字を将来の黒字に充当することができる「繰越欠損金」の制度において一部使用制限が発生してしまったりなど、さまざまなデメリットが発生します。

資本金が１億円を超えるケースは少ないと思いますが、もしこだわりなく資本金を１０００万円超の金額で設定してしまっている場合は、資本金の見直しを検討してみましょう。

資本金の見直し

資本金1000万円以下にするメリット

❶新設法人の場合は、消費税の納税義務が免除される
❷住民税均等割が最低額で抑えられる

資本金等の額	法人住民税均等割
1000万円以下	70,000円
1000万円超1億円以下	180,000円

※東京都23区：本店のみで従業員50人以下の法人の場合

資本金が1億円を超えるデメリット

❶法人税や地方税の軽減税率が適用されない
❷法人事業税の外形標準課税の適用を受ける
❸交際費の損金算入制限がかかる
❹少額減価償却資産の特例が適用されない
❺欠損金の使用制限が発生する
❻欠損金の繰り戻し還付が適用されない
❼留保金課税の適用の可能性がある
❽中小企業向けの各種税額控除が適用されない

ムダをなくすコツ!

資本金は1000万円以下にする

section 14

節税策⑨

旅費規程を整備し出張日当を支給する

ココに注目！

旅費規定

出張日当の金額

出張が多くある場合は、旅費規程を整備して出張日当の支給を検討してみましょう。

出張日当とは、出張者が出張先での少額な諸経費の支払いに充てるための金銭を支給することを意味します。**旅費規程を整備し、社会通念上、通常必要と認められる金額の日当を支給することで、会社側で出張日当を損金（経費）にすることができるだけではなく、出張者も所得税や住民税、社会保険料の対象とならずに出張日当を受け取ることができる**のです。会社にとっても個人にとっても、メリットのある制度となります。

ただし、特定の役員だけを対象としていたり、多額の出張日当を支給していたりすると、給与と見なされ所得税・住民税や社会保険料の対象となってしまったり、そもそも会社の損金（経費）として認められなくなったりします。

規定を整備する上で、対象者や設定金額には注意したいところです。

出張日当を支給するメリット

出張日当を支給すると……

法人側

損金(経費)として認められたり、消費税の仕入税額控除の対象となる

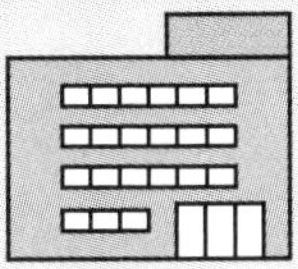

出張者

給与課税の対象とならないため、所得税や住民税だけではなく社会保険料の対象とならない

双方にメリットがある!

出張規定を整備する上で注意も必要

手当の支給は全員を対象とする	特定の役員だけを対象とする日当は、賞与として課税されてしまう
不相当に高額な日当は認められない	不相当に高額な日当は課税対象となる。例えば1日あたり50,000円も日当で支給することは、少額の諸経費の支払いに対して社会通念上高額であるといえる

ルールに則った支給を行わないと節税策として機能しない!

ムダをなくすコツ!

旅費規定を整備し適正な額の出張日当を支給する

section 15

節税策⑩

小規模な会社であっても社宅を導入する

ココに注目！

手取り額

賃料相当額

社宅と聞くと大企業の福利厚生制度のように思う人もいるかもしれませんが、**小さな会社でも、社宅は積極的に活用すべき**です。

例えば左の図のケースのように、月額賃料20万円の賃貸物件に居住している人の場合、**給料の金額を減らしてでも社宅を導入したほうが手取り額を増加させることができます。**

もちろん、社宅を導入した（会社が物件を借り上げて、役員や従業員に貸しつけた）場合、会社は社宅利用者から一定額の賃料相当額を収受しなければなりませんが、よほど豪華な物件でない限りは、本人から賃料の15％程度を徴収すれば済むケースもあります。

ただし、社宅利用者から収受する賃料相当額の計算は「固定資産税評価証明」などを基にした厳密な計算が必要となります。税法に照らした複雑な計算が必要となるので、ここはぜひとも税理士と連携して適正額を算出したいところです。

社宅がない場合とある場合の比較

例：家賃20万円の賃貸物件に居住している人の手取り額

社宅なし・月給100万円

給料	100万円
社会保険料	△12万円
源泉所得税	△11万円
家賃支払い	△20万円
手取り	57万円

社宅あり・月給80万円

給料	80万円
社会保険料	△10.5万円
源泉所得税	△6.5万円
家賃支払い	△3万円※
手取り	60万円

月給を減らしてでも社宅を導入したほうが手取り額が増える！

※本人負担が15％の場合

社宅利用者から一定額の賃料相当額を収受する必要があるが、賃料の15％程度の徴収で済むケースもある

押さえておくべきポイント

小さな会社は社宅を積極的に活用する

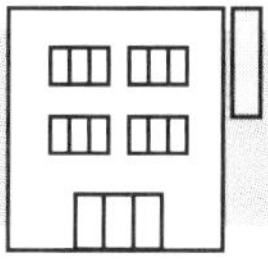

ムダをなくすコツ!

額面より**手取り額**に着目

section 16

節税策⑪ 5000円以下交際費を活用する

ココに注目！

交際費

損金不算入

資本金が1億円以下などの要件を満たす中小法人の場合、年間800万円を超える交際費については損金算入（税務上の経費計上）が制限されています。業種によっては業務上必要となる接待が多く、年間800万円を超える交際費が発生してしまうこともあるでしょう。しかし**800万円を超える交際費は経費として認められないため、事業上必要な経費として使っていても、減税効果がまったくない交際費となってしまう**のです。

ただし、「1人あたり5000円以下の飲食費」は、正しく区分して会計処理をし、一定の要件を満たす書類を保存することで、この制限の対象となる交際費の集計から除外することができます。「得意先との接待＝一律すべて交際費」と処理するのではなく、参加者や人数を確認し、制限の対象となる交際費と区分して、損金不算入となる交際費を可能な限り減らしましょう。

「5000円以下交際費」で節税

小さな会社の交際費のルール

年間800万円を超える「交際費」などは、損金算入（税金計算上の経費計上）が制限されている

「5000円以下交際費」は、損金算入が制限されている「交際費」から除外できる

5000円以下交際費のルール

接待における飲食などのために要する費用であること（役員や従業員だけの身内の飲食費はNG）

1人あたりの飲食費が5000円以下であること

次の事項を記載した書類を保存していること

- 飲食などがあった年月日
- 参加者の名称
- 参加した人数
- 飲食などの費用の金額、飲食店の名称や所在地など

ムダをなくすコツ！

すべてを「交際費」で一律処理しないようにする

section
17

節税策⑫

消費税の簡易課税制度を検討する

ココに注目！

消費税

みなし仕入率

消費税は意外と忘れがちな税金です。毎年納税の時期に「こんなに消費税を支払わなければならないのか……」と頭を抱える人も多いでしょう。そんな消費税も小さな会社の場合はさまざまな特例が設けられており、今回はそのうちの「簡易課税制度」を紹介します。

消費税は、取引先から預かった消費税と、仕入先などに支払った消費税との差額を毎年計算して納付する税金です。簡易課税制度は、**支払った消費税を業種別に設定された「みなし仕入率」を基に簡易的に計算して、消費税の納税額を確定させることができる制度**となります。例えば左記の例の場合、サービス業の場合は50％のみなし仕入率を基に支払った消費税を計算することができ、実際には５００万円×10％の50万円しか消費税を支払っていないにもかかわらず、１５０万円の消費税を支払ったこととみなして消費税の納付額を計算することができます。つまり、約１００万円の減税効果があるということです。

小さな会社向けの消費税の特例を活用する

簡易課税制度

消費税計算における特例の1つ。業種別に設定された「みなし仕入率」を基に簡易的な計算を行い、消費税の納税額を確定させる

簡易課税のみなし仕入率(業種別)

事業区分	みなし仕入率
第1種事業(卸売業)	90%
第2種事業(小売業など)	80%
第3種事業(製造業、建設業など)	70%
第4種事業(その他)	60%
第5種事業(サービス業、運輸通信業など)	50%
第6種事業(不動産業)	40%

サービス業の場合

- **消費税課税対象売上:3000万円**
- **消費税課税対象仕入:500万円**

	原則課税	簡易課税
①預かり消費税	3000万円×10%=300万円	3000万円×10%=300万円
②支払い消費税	500万円×10%=50万円	300万円×50%=150万円
納税額(①-②)	250万円	150万円

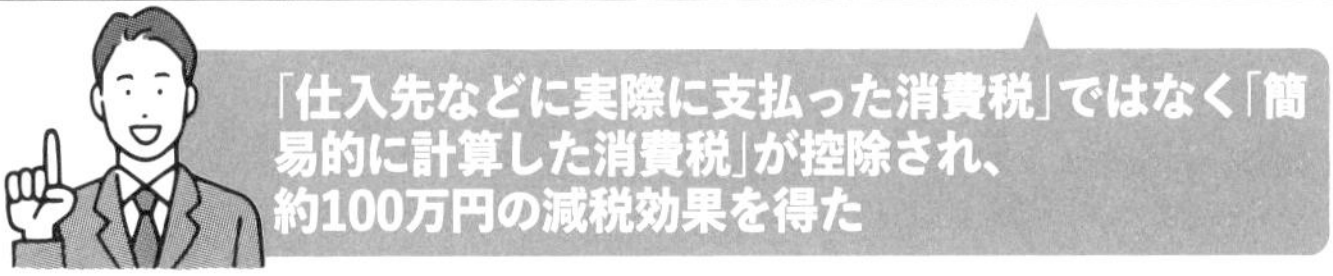

ムダをなくすコツ!

簡易課税制度で消費税の納税額を減らす

section 18

簡易課税制度の留意点

ココに注目！

課税売上高

事前の届出

前ページで例に挙げた会社の場合は、「みなし仕入率」を基に納税額を計算することで、約１０００万円の消費税の減税効果を得ることができました。簡易課税制度はぜひ導入したい節税策といえるでしょう。

ただし、簡易課税制度の適用を受けるためには、次のどちらの要件も満たす必要があります。

①前々事業年度における課税売上高が５０００万円以下であること
②簡易課税制度の選択届出書を適用を受ける事業年度開始日の前日までに提出すること

一定の売上規模以下の事業者にのみ適用が認められた制度であり、かつ、事前の届出が

簡易課税制度のデメリット

簡易課税制度を導入した場合……

還付金を受け取ることができない

▼

簡易課税制度では「実際に支払った消費税」に基づく計算を行わない。そのため、多額の設備投資を行った場合でも、簡易課税制度を導入した後では消費税の還付金を受け取ることができない。多額の還付金を放棄することとならないよう、計画的に簡易課税制度の適用を受ける必要がある

ムダをなくすコツ！

簡易課税制度は計画的に導入する

必要なため、「今年の納税額が多くなりそうだから、今年から簡易課税制度を利用したい」ということはできません。

また、メリットだけではなく、**最低でも2年間は継続適用しなければならない、みなし仕入率により支払う消費税が計算されるため、還付になることがない、**などのデメリットもあります。

さらに、今後の消費税法の改正（インボイス制度の導入など）により簡易課税の制度自体の廃止や縮小も議論されています。節税のために簡易課税制度を導入したにもかかわらず、かえって損をしてしまうということがないように、税理士と連携して計画的に導入することをおすすめします。

section 19

節税策⑬

分社化による所得分散を行う

ココに注目！

所得分散

軽減税率

事業が一定規模以上になり、複数の事業を行うこととなった場合にぜひ検討したい節税策は、「分社化による所得分散」です。

分社化による所得分散の最大のメリットは、**軽減税率の適用を最大限受けることができる**点にあります。

原則的な法人税率は23・2％となりますが、一定規模以下の中小法人の場合は、年間の課税所得（税金計算上の利益）が８００万円までは15％の軽減税率の適用を受けることができるのです。

例えば左記の例のように、年間の課税所得が１５００万円ある会社が子会社を設立して７５０万円ずつに所得分散できた場合、**それぞれの法人で軽減税率の適用を受けることができる**こととなります。

法人税を減らす所得分散

法人税率は年間の課税所得によって決まる

課税所得（≒利益）	法人税率
〜年800万円※	15%
年800万円を超える部分	23.2%

※資本金が1億円以下の法人などに限る

課税所得（≒利益）が1500万円の会社

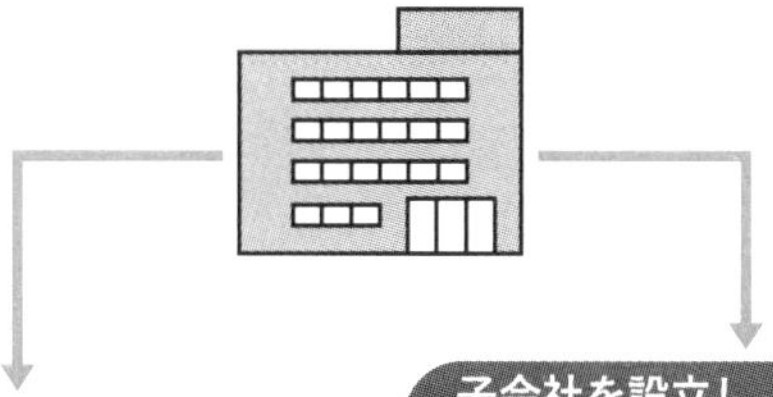

所得分散しない場合

課税所得（≒利益）	法人税額
〜年800万円	800万円×15% ＝120万円
年800万円を 超える部分	(1,500万円－ 800万円)×23.2% ＝162万4000円
合計	282万4000円

子会社を設立し、750万円ずつに所得分散した場合

	法人税額
A社	750万円×15%＝ 112万5000円
B社（分社化）	750万円×15%＝ 112万5000円
合計	225万円

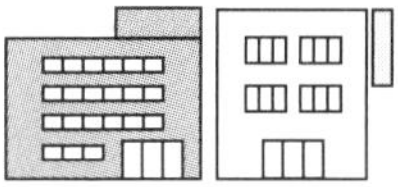

それぞれ課税所得が800万円以下のため、法人ごとに軽減税率の適用を受けることができる

ムダをなくすコツ！

軽減税率は法人ごとに適用される

section 20

分社化をする際の留意点

所得分散に加え、交際費の年間８００万円の限度額（２２２ページ参照）や消費税の簡易課税制度（２２４ページ参照）は会社ごとに適用を受けることができます。所得分散による軽減税率と組み合わせて利用することで、更なる節税効果も期待できるのです。

ただし、**分社化をするということは「もう１つ法人を設立する」こと**を意味します。設立コストや新設した会社を運営する上での管理コストを考慮しなければなりません。

また、税金は基本的に黒字の場合にのみ発生するため、それなりに課税所得が発生している間は節税メリットを享受できますが、一方の会社が赤字となった場合に、その赤字を別会社の黒字と通算することは基本的にはできないこととなります。

さまざまなメリットのある分社化ですが、管理コストや一方の会社が赤字となった場合の思わぬ税負担の増加など、デメリットもあるという点には留意しましょう。

ココに注目！

法人の設立コスト

管理コスト

分社化に伴い発生するメリットやリスク

分社化による節税メリット

①法人税の軽減

法人ごとに軽減税率の適用を受けることができる(228ページ参照)

②交際費の損金算入限度額の増加

年間800万円の損金算入限度額は法人ごとに判定するため、分社化をすることで限度額を増加させることができる(222ページ参照)

③簡易課税制度の適用

分社元の法人が売上基準により消費税の簡易課税制度の適用除外となった場合でも、分社した法人では適用要件を満たす場合がある

➡ **これらを組み合わせることで、更なる節税効果も期待できる**

ただし、分社化には留意点も……

①別法人を設立することになるため、設立コストや管理コストがかかる
②会社間での損益通算ができない
③法人住民税均等割負担が増える

分社元の会社と分社した会社が「それぞれ黒字の場合」は節税メリットが期待できるが、どちらか一方が赤字となるだけでも管理コストや税負担が増加してしまう可能性がある

ムダをなくすコツ!

分社化は計画的に行わないと損をする

section 21

節税策⑭

所得拡大促進税制を積極活用する

ココに注目！

所得拡大促進税制

給与の増加

法人税は「利益×税率」で計算されますが、この計算された税額から、さらに税金の控除を受けることができる制度を税額控除といいます。

税額控除は適用要件が厳しいものが多いですが、直接税金の額を控除することができる制度です。要件を満たすものがあれば、積極的に活用したい節税策となります。

現在は多くの税額控除制度がありますが、そのうちの１つが「中小企業向け所得拡大促進税制」です。これは**一定の要件を満たす中小企業者等が前年度よりも従業員などに対する給与を増加させた場合に、その増加額の一部を法人税から控除できる制度**となります。

大幅な利益が見込まれた場合、貢献してくれた従業員に対して賞与を出してあげたいと思う経営者は多いでしょう。この所得拡大促進税制の適用を受けることができるタイミングで賞与を支給することで、法人税額の控除の恩恵を受けることができるのです。

税額控除を活用する①

中小企業向け 所得拡大促進税制

前年度よりも従業員などに対する給与を増加させた中小企業が、その増加額の一部を法人税から控除できる制度（令和3年4月1日以降開始の事業年度に適用）

適用要件	・一定規模以下の中小企業者等であること ・雇用者給与等支給額が前年度と比べて1.5％以上増加していること
税額控除額	・控除対象雇用者給与等支給増加額×15％

従業員への給与を上げた中小企業・A社の場合

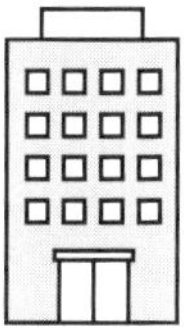

①昨年度の給与（雇用者給与等支給額）：2000万円
②今年度の給与（雇用者給与等支給額）：2500万円

1.5％以上増加しているため、（②－①）×15％＝75万円の税額控除の適用を受けることができる（一定の控除限度額がある）

大幅な利益が見込まれる場合は、所得拡大促進税制の適用を受けることができるタイミングで賞与を支給することで、法人税額の控除の恩恵を受けることができる

ムダをなくすコツ

給与が増加していれば税額控除を検討する

section 22

節税策⑮

中小企業投資促進税制を活用する

ココに注目！

投資促進税制

設備投資

前節の「中小企業向け所得拡大促進税制」だけでなく、中小企業の設備投資を促す政策的観点から、一定の要件を満たす設備投資を行った場合に、設備投資額×7％の税額控除を受けることができる制度もあります。それが「中小企業投資促進税制」です。

単に設備投資を行っただけでは、税額控除を受けることはできません。さまざまな要件をクリアする必要がありますが、仮に**設備投資をする予定がある会社は、この制度を利用することで一定の税額控除の適用を受けることができます。**

これらの税額控除は、**その制度があることを知らないだけで、多額の節税メリットを放棄してしまう**可能性があります。もちろん要件を満たすかどうかの判断や、要件を満たすための手続きにはそれなりの手間はかかってしまうものの、いざ適用を受けることができれば小さな会社の人材投資や設備投資の後押しとなる魅力的な制度です。

税額控除を活用する②

中小企業投資促進税制
一定の要件を満たす設備投資を行った場合に、設備投資額×7%の税額控除を受けることができる制度。中小企業の設備投資促進を図る(令和4年度末まで適用)

適用要件	・一定規模以下の中小企業者等であること ・製造業、卸売・小売業、飲食店業、不動産業などの一定業種であること ・1台160万円以上の機械などの対象設備の取得を行うこと
税額控除額	・設備投資額×7%

製造業を営む中小企業・B社の場合

適用要件を満たす500万円の機械装置を取得

➡ **500万円×7%=35万円の税額控除の適用を受けることができる(一定の控除限度額がある)**

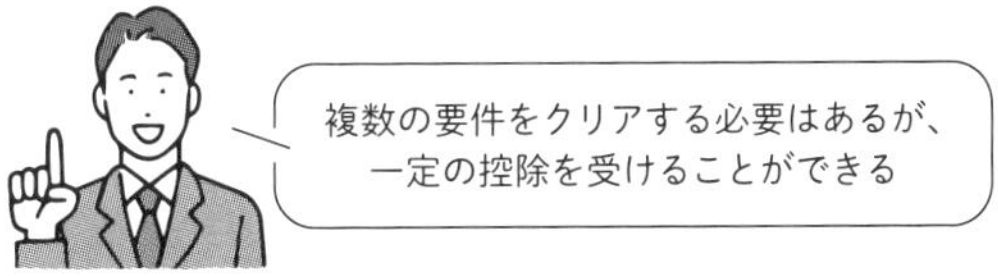

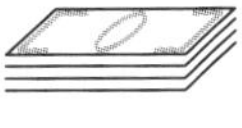

中小企業向け所得拡大促進税制や中小企業投資促進税制を知らないと、多額の節税メリットを放棄してしまうことになる可能性がある

ムダをなくすコツ!

設備投資をする際は税額控除を検討する

Column

コロナ禍で「交際費」が怪しまれやすくなった

首都圏で幾度となく緊急事態宣言が発令され、多くの飲食店に対する休業要請がなされました。そうしたなか、コロナ前と同様の水準で「交際費」を計上していると、「この交際費は本当に取引先への接待に使った費用なの？」と税務調査官に疑われやすくなります。

もちろん、「いつ・誰と・どこで・何のために」使用した飲食代なのかを客観的に証明できる帳簿書類があれば問題ありません。ただし、何の気なしにプライベートの飲食代を「交際費」に紛れ込ませている場合は問題アリです。税務調査で否認され、社長への「給与」と認定された場合、法人税と所得税のいずれも課税されるだけではなく、悪質な租税回避行為として重加算税というペナルティが課されるでしょう。

いま税務調査が行われやすい企業

ちなみに、一般的に税務調査の候補に挙がりがちなケースは、次のような法人であるといわれています。

- ●業績が好調な法人
- ●売上が急増した法人
- ●長期間（10年程度）税務調査に入っていない法人
- ●過去に不正があった法人

コロナ禍でマイナスの影響を受けた飲食業や観光業、宿泊業、娯楽業など、窮地に陥っている会社への税務調査は、このタイミングで積極的に行われるとは考えづらいです。

一方で医療・衛生用品製造・販売業、物流業、ＩＴ通信業など、コロナ禍の巣ごもり需要などの影響で業績が飛躍的に上昇した会社もあり、コロナ禍で急激に業績が伸びた会社は税務調査の対象となる可能性が大きいといえます。

「小さい会社に税務調査は来ない」と高をくくってはいけません。コロナ禍で多くの企業が赤字になったため、利益を伸ばした企業は税務調査の対象に入る可能性があります。

Column

コロナ禍で普及率が上昇！キャッシュレス決済で納税もできる？

現在の納税方法は、金融機関や税務署の窓口などで納付する「現金納付」と、指定口座からの引落・ネットバンキング納付・クレジットカード納付などの「キャッシュレス納付」に大別されますが、２０２１年の税制改正において、国税のキャッシュレス納付として新たに「スマホアプリ納付」が加わりました。東京都などでは、すでに一部の税目について、一定額までの納税をＰａｙＰａｙやａｕＰＡＹ、ｄ払いなどを利用して行うことができますが、国税についてもこれらのスマホアプリで納税が可能となる見通しです。

新型コロナウイルスの影響でキャッシュレス決済の普及率は上昇していますが、キャッシュレス納付も、利便性の高さから利用率が年々上昇しています。

もはや、銀行窓口で納税する時代は終わりました。スマホアプリ納付の導入時期は現時点では未定ですが、導入されたらぜひ利用してみたいところです。

Column

コロナ禍での納税の猶予

新型コロナウイルスの影響で納税が困難な納税者向けに施行された「納税の猶予制度の特例」が２０２１年２月をもって終了となりました。国税庁の発表によると、２０２０年４月～２０２１年２月までにこの猶予申請が許可された件数は32万件、適用税額は１兆５０００億円となり、多くの事業者がこの制度を利用していたこととなります。

この猶予制度を利用し、例えば２０２１年１月末納期限の税額を１年間猶予してもらった場合、最長で１年後の２０２２年１月末が猶予期限となります。猶予期限までに計画的に納税ができれば問題ありませんが、今もなおコロナの影響で苦しんでいる事業者も多く、猶予期限までに納税できないケースもあることでしょう。どうしても猶予期限までに猶予された税額を用意できない場合は、そのまま放置することは決してせず、税理士や「国税局猶予相談センター」に連絡し、猶予期間の再延長ができないか相談してみましょう。

【著者紹介】

安藤祐貴（あんどう・ゆうき）

スペラビ税理士法人　代表税理士。

東京都内の会計事務所や税理士法人において中小企業や個人事業主に対する経理・会計・税務サービス、上場企業や外資系企業の税務アドバイザリー業務等を経験して独立開業。

2021年5月、東京都渋谷区にスペラビ税理士法人を設立し代表社員に就任。

クラウド会計を駆使した未来型経営の積極支援を理念とし、小さな会社の会計・税務コンサルティングのみならず、経理体制構築支援や資金調達支援など、幅広いサービスを展開している。共著に『小さな会社の決算書 読み方使い方がわかる本』（自由国民社）。

事務所HP：https://superavit.tax/

小さな会社のムダをなくしてお金を残す！

発　行　2021年12月3日　初版第1刷発行

著　者　安藤祐貴
発行者　石井　悟
発行所　株式会社自由国民社
〒171-0033　東京都豊島区高田3-10-11
TEL 03（6233）0781（営業部）
TEL 03（6233）0786（編集部）
印刷所　横山印刷株式会社
製本所　新風製本株式会社

編集協力・本文DTP　株式会社ループスプロダクション
カバーデザイン　吉村朋子